साहित्य की इतिहास दृष्टि

साहित्य की इतिहास दृष्टि

प्रभाकर श्रोत्रिय

वाणी प्रकाशन

वाणी प्रकाशन

4695, 21-ए, दरियागंज, नयी दिल्ली 110 002

शाखा

अशोक राजपथ, पटना 800 004

फ़ोन : +91 11 23273167 फ़ैक्स : +91 11 23275710

www.vaniprakashan.in
vaniprakashan@gmail.com
sales@vaniprakashan.in

SAHITYA KI ITIHAS DRISHTI
by Prabhakar Shrotriya

ISBN : 978-93-5000-240-7
Criticism

प्रथम संस्करण

मूल्य : ₹ 250.00

ओम ऑफ़सेट, दिल्ली-110 093 में मुद्रित

वाणी प्रकाशन का लोगो मक़बूल फ़िदा हुसेन की कूची से

प्रियवर रमेश दवे के लिए

प्राक्कथन

साहित्य का इतिहास वगैरह लिखना आमतौर पर अध्यापकीय कार्य समझा जाता है। अगर साहित्य के विद्यार्थी उस दृष्टि से भी लाभान्वित हों तब भी मुझे ठीक़ ही लगेगा, परंतु वास्तव में मैं सार रूप में हिन्दी साहित्य के इतिहास के संबंध में अपना दृष्टिकोण रखना चाहता था। इसीलिए काल-विभाजन आदि के फेर में न पड़कर मैंने स्वीकृत युगों की अंतर्वृत्तियों के नवीन प्रतिपादन पर अपने को केन्द्रित किया है।

इतिहास चर्चा में मैंने अपवाद स्वरूप ही लेखकों के नामों का ज़िक्र किया है। वैसे भी कालक्रमिक रचना-परिचय इस संक्षिप्त आलेख का उद्देश्य नहीं है। इसमें सारभूत बात कहने के लिए अनेक औपचारिकताओं का त्याग किया गया है।

पुस्तक में चार आलेख और शामिल किए गए हैं। इनमें से तीन मेरे व्याख्यान हैं। 'समकालीन साहित्य विमर्श' और 'हिन्दी भाषा और साहित्य : दृश्य और

दृष्टि' क्रमशः मैंने हैदराबाद में आयोजित हिन्दी साहित्य सम्मेलन प्रयाग के अधिवेशन के साहित्य परिषद् के अध्यक्ष के रूप में और द्वारका में आयोजित हिन्दी साहित्य के सम्मेलन प्रयाग के अधिवेशन के सभापति पद से दिया था। तीसरा भाषण 'पक्षधरता और प्रतिबद्धता' हिन्दी भवन, भोपाल द्वारा आयोजित पावस व्याख्यान माला का मुख्य भाषण है, जो मैंने स्वर्गीय नरेश मेहता के सान्निध्य में दिया था। तीनों भाषण यहां किसी औपचारिकता के तहत नहीं हैं। इनमें समकालीन विमर्शों, भाषा तथा साहित्य के संबंध में गतिविधियों का निर्वचन है, जो मूलतः इतिहास की नवीनतम प्रवृत्तियों की सर्जक है।

'समकालीन साहित्य-विमर्श' में मैंने उत्तर आधुनिकता को सर्वथा नए संदर्भ में देखा है। मुझे लगता है कि वह बाजारवाद का 'थिंक टैंक' है। मैंने दोनों प्रवृत्तियों में दूर तक समानता देखी है। इस लेख का अंश वागर्थ में छपा था तो अनेक शीर्षस्थ लेखकों ने इसका समर्थन किया था। कई पाठकों ने तो ज़ीराक्स करा कर इसकी प्रतियां बंटवाई थीं। मेरा विचार है कि इस पूरे प्रसंग को बाज़ारवाद की रौशनी में देखना, उससे भारत को सावधान करने; और अपने समय में विचारों और कामों के छद्म का उद्घाटन करने के समान है।

तीसरा आलेख पिछले 50 वर्षों से साहित्य में जारी प्रतिबद्धता और पक्षधरता जैसे विवादस्पद विषय पर है।

यह वास्तव में प्रगतिशील आंदोलन के उठान से लेकर विचारधारा के रूप में प्रगतिशीलता के (एक तरह से) समापन काल तक है। परंतु इसमें मुख्य कथ्य यह है कि विचारधारा के रूप में भले ही मार्क्सवाद अंतिम सांसे ले रहा हो, प्रगतिशील अवधारणा के समापन का कोई प्रश्न नहीं उठता। संसार में जब तक शोषण, गरीबी और अन्याय है तब तक साहित्यकारों के संघर्ष को विश्राम नहीं मिल सकता। क्योंकि संवेदना लेखक का अन्तर्मन है। हां विचारधारा का उस रूप में बने रहना संदिग्ध है। इस दृष्टिकोण का एक निष्कर्ष यह भी निकलता है कि कवि के संवेदन को विचार-धाराओं की जरूरत नहीं है। परदुःख कातरता उसकी सहज वृत्ति है। ये तीनों लेख हमारे समय की बहसों और विचारों पर मेरी टिप्पणी है।

चौथा लेख भाषा से सम्बन्धित है। जो साहित्य की आधारभूमि भी है। भाषा पर तब तक बात पूरी नहीं होती जब तक उसके ऐतिहासिक ह्रास और बाजारवाद में इसके कृत्रिम और अस्वाभाविक विचलन को हम नहीं जानें। यह केवल जानना नहीं है अपने आपको प्रबोध करना है, ताकि हम उसका सामना करने के उपाय तलाश सकें।

वास्तव में आज हिन्दी और भारतीय भाषाओं के क्रमशः विलोपन का जो षड़्यंत्र हो रहा है उससे सजग होना बहुत जरूरी है वरना हम अपने ऐतिहासिक दायित्व को नहीं निभा पाएंगे।

मेरे ये पांचों आलेख भी हिन्दी साहित्य के इतिहास

और भाषा का विहरावलोकन हैं, जिसमें आद्यतन प्रवृत्तियों का स्पर्श वर्तमान समय का सूचक है।

हम जानते हैं कि इस समय भाषा और साहित्य एक जबर्दस्त संक्रमण के दौर से गुजर रहे हैं और किसी हद तक उनके अस्तित्व का जोखिम पैदा हो गया है। ऐसे में उनकी ओर पाठकों का ध्यान आकर्षित करना मेरी इस पुस्तक का लक्ष्य है। मुझे संतोष और प्रसन्नता है कि अंतिम चारों आलेख स्वतंत्र रूप से प्रकाशित होने के बाद बहुत चर्चित हुए। पाठकों की अभिलाषा थी कि ये एक व्यापक समाज तक पहुंचना चाहिए। उनकी अभिलाषा में अपनी अभिलाषा शामिल करते हुए मैं यह पुस्तक सुधी पाठकों को ही समर्पित करता हूं।

–प्रभाकर श्रोत्रिय

ए-601, जनसत्ता सहकारी आवास
सेक्टर-9, वसुंधरा, गाजियाबाद-201012
मो. : 9717266220/9810853811
ई-मेल : prabhakar.shrotriya@gmail.com
prabhakarshrotriya@yahoo.co.in

अनुक्रम

साहित्य की इतिहास दृष्टि

साहित्य की इतिहास दृष्टि

हिन्दी साहित्य का संक्षिप्त इतिहास

साहित्य अपने समय की राजनीतिक, सामाजिक या आर्थिक संरचना में भले ही कोई प्रत्यक्ष हस्तक्षेप न करता हो, लेकिन वह मनुष्य की अंतर्रचना में अनिवार्य हिस्सा लेता है ताकि वह इतिहास को समझने की दृष्टि और उसे बदलने का सामर्थ्य अपने भीतर विकसित करता चले, क्योंकि अंततः समय को बदलने का दायित्व जिस मनुष्य पर है उसकी चेतना, राग और दृष्टि में गत्यात्मक विकास की जरूरत से इन्कार नहीं किया जा सकता।

हिन्दी साहित्य का प्रारम्भ आमतौर पर ग्यारहवीं शती से माना जाता है। परन्तु यह साहित्य मूलतः और मुख्यतः काव्य का साहित्य था; तबसे लेकर अठारहवीं शती के अन्त तक या भारतेन्दु के उदय तक यह काव्य-साहित्य ही बना रहा; भारतेन्दु से गद्य-युग प्रारम्भ होता है। इसलिए स्वाभाविक है कि लगभग एक हजार साल तक के साहित्य की चर्चा काव्य-साहित्य की ही चर्चा है।

इसका यह आशय लेना गलत होगा कि गद्य के अभाव में साहित्य की सामाजिक, राजनीतिक, वैचारिक और यथार्थ-चेतना अनुपस्थित या आनुषंगिक थी। कविता में सब कुछ व्यक्त होता था। प्राचीन भारत में तो ज्ञान की समस्त शाखाएं, चाहे वह नीति शास्त्र हो, अर्थशास्त्र हो, ज्योतिष हो या व्याकरण हो, कविता के माध्यम से वैसी ही स्वाभाविकता

में अभिव्यक्त होती थी।

हिन्दी साहित्य को जन्म देने का श्रेय विरक्त जैन मुनियों, सिद्धों और नाथों को है। जिन्होंने अपनी सर्जनात्मकता से प्रमाणित किया कि हमदर्द होना ही संत होना है। इसलिए आरम्भ से ही हिन्दी साहित्य का न केवल जनता की सामाजिक, आर्थिक, राजनीतिक दशा को सूचित करता है बल्कि स्वयं उसका रचनात्मक फक्कड़पन और भीतर की आग भी प्रकट करता है।

पृष्ठभूमि :

कोई भी साहित्य प्रत्यक्ष अथवा अप्रत्यक्ष रूप से अपनी पूर्व-परम्परा का विकास होता है। साथ ही समकालीन साहित्य भी परस्पर प्रभावित होते रहते हैं। हिन्दी के आदिसाहित्य को संस्कृत, अपभ्रंश आदि की विरासत मिली थी। आदिकाल में भी हिन्दी के समानान्तर संस्कृत और अपभ्रंश साहित्य की रचना रही थी। संस्कृत का तो यद्यपि उस पर प्रत्यक्ष प्रभाव बहुत थोड़ा दिखाई देता है परन्तु अपभ्रंश साहित्य हिन्दी साहित्य की पृष्ठभूमि में महत्वपूर्ण भूमिका निभा रहा था।

आदिकाल में अपभ्रंश के प्रमुख कवियों में स्वयंभू, पुष्पदंत, धनपाल, अब्दुल रहमान, जिनदेव सूरि, जोइन्दर, रामसिंह आदि हैं। स्वयंभू के 'पउम चरिउ', 'रिट्ठणेमि चरिउ' धनपाल की 'भविसयत्त कहा' आदि से हिन्दी में चरित काव्यों की नींव पड़ी जो आगे जाकर भक्तिकाल में भी विकसित हुई। लगभग सभी जैन कवियों के काव्य में धार्मिक और दार्शनिक प्रवृत्ति की प्रधानता है जो आदिकालीन और मध्यकालीन काव्य में विकसित हुई। अब्दुल रहमान के संदेशरासक में अत्यंत सहजता और मार्मिकता से व्यक्त वियोगिनी की विरह-वेदना का प्रभाव आदिकाल से लगाकर भक्ति और रीतिकाल तक पर पड़ा। जिनदत्त सूरि के नृत्य-गीत-उपदेश रसायन-रास को कृष्ण की रासलीला के भक्तिकालीन नृत्य और गीत से आसानी से जोड़ा जा सकता है। दोहाकाव्य की परम्परा भी अपभ्रंश से हिन्दी में आई। छठी शती के

जोइन्दु से ग्यारहवीं शती के रामसिंह तक चली आई दोहा-परम्परा रामसिंह के पाहुड़ दोहा ग्रंथ से उत्कर्ष पर पहुंची जो भविष्य में हिन्दी में विकसित हुई। अपभ्रंश के दोहा-साहित्य में जीवन की अनुभूतियां, श्रृंगार, धर्म, उपदेश सभी के समावेश ने भक्ति और रीतिकाल दोनों के लिए अभिव्यक्ति-माध्यम की सशक्त भूमिका निभाई। अपभ्रंश के प्रभाव से ही आदिकालीन काव्य-साहित्य में अनेक सामाजिक मानवीय विषयों पर आंख खोलने वाली रचनाएं हुईं, जिनकी ओर कम ध्यान दिया गया।

आदिकाल :

वास्तव में राजसत्ता जब प्रभुता और औरत की टुच्ची लड़ाइयों में गर्क थी, तब इन बैरागियों की कविता दर्द से कराह रही थी। जैन कवि आसगु को युग की विषमता मर्माहत कर देती है :

एकसमाननदीसईकोई,केनरिपालापरिभमेहि
के गय तुरि चंडति सुखासणि।
केइ नर कठा बहहि के नर बइसहिं राय सिंहासणि।।
केइ नर सालि दालि भुजंता धिय धलहलु मज्झे बिलहन्ता
के नर भूषा दूषि यहं दीसहिं परघरि कंमु करंता
जीवितविमुयागणिय,अच्छहिंबाहिरिभूमिरुलंता।

—जीवदया रास

शासक और जनता के बीच या सम्पन्नता और विपन्नता के बीच ऐसे भयावह अंतराल का साक्षात्कार उस सामंती युग में कर पाना, विस्मयजनक संवेदना का अचूक प्रमाण है सिद्धो और नाथों की बानियों में चाहे जितनी पारलौकिकता और आध्यात्मिकता हो, इस तथ्य से इन्कार नहीं किया जा सकता कि उन्होंने समाज की स्थापित रूढ़ियों और मेखलाओं को तोड़ने में जिस कठोर भाषा-चरित्र का प्रमाण दिया, वह उनके प्रखर आक्रोश का ही नहीं, उनके अकलुष जन-प्रेम का प्रतीक भी है।

क्या ऐसे सृजन पर साम्प्रदायिकता की मुहर लगाकर उसे काव्य-क्षेत्र से बहिष्कृत कर देना इतिहासकारों का अन्याय नहीं है? इनकी अपेक्षा चारणों और भाटों को जन-भाषा के आदिकवियों का सम्मान देना, पता नहीं कौन-सी लोक मंगलधर्मी इतिहास-दृष्टि है? निस्संदेह भाट कवि झनझनाती कविताएं लिखते थे लेकिन इन कविताओं में युद्ध का आवेश है, युद्ध का विवेक नहीं। युद्ध और लूट में भेद करने तक की तमीज इन कवियों को नहीं थी। विलास और सत्तालिप्सा के खूंखार इरादों से छेड़ी गई लड़ाइयों में साधारण सैनिकों और जनता की ही बलि चढ़ती है। ऐसे युद्धों को बखानना और पोसना न केवल अश्लीलता है, बल्कि अंधापन भी है जो इतिहास और साहित्य दोनों को गुमराह करता है। वीरता और क्रूरता में कोई भेद भी होता है या नहीं?

इनकी तुलना में लोक-दृष्टि का बेहतर प्रमाण तो ठेठ श्रृंगारी कवि विद्यापति ने दिया। हम स्तब्ध रह जाते हैं जब उन्हें कीर्तिलता में तुर्कों की क्रूरता और अय्याशी पर फब्ती कसता पाते हैं—ठीक उससे भिन्न भाषा में, जो भाषा उनकी श्रृंगार कविताओं की है :

अबेबेभणन्तासराबापिअन्ता
कलीमा कहन्ता कलामे निअन्ता
कसीदा कढ़न्ता मसीदा भरन्ता
कितेबापढ़न्तातुरुक्काअनंता।

उस जनता की त्रासदी का अंदाजा कीजिए जो पहले ही देशी राजाओं और सामंतों के विलास-तले दबी जा रही हो और अब आक्रामकों के घोड़े और अत्याचार की टापों से भी कुचली जाने लगी हो। उसके बेपनाह त्रास का कोई अन्त नहीं था। इधर महंगाई के हाल ये थे कि चन्दन की कीमत पर ईंधन बिक रहा था, गरीब लोग रोटी की खातिर बेटा-बेटी बेच रहे थे :

चंदनकामूलईंधनबिका
बहल कोडि कनक थोड़

घीवकबेंचादीअघोड़

करुआ क तेल आंगे लाइअ

बांदि बड़ दासओ छिपाइअ।

–कीर्तिलता

फिर भी रासो काव्यों की अपनी जगह इस युग में अक्षुण्ण है, जिसमें पृथ्वीराज रासो, हम्भीर रासो आदि हैं। भाषा का डिंगल रूप भी इनमें दृष्टव्य है।

आदिकाल की उपलब्धियां :

आदिकाल भाषा और साहित्य की दृष्टि से अत्यंत सम्पन्न काल है। प्रेम, श्रृंगार, वीरता, वैराग्य, भक्ति, लोक-जीवन की विविधता, आदर्श के साथ ही समाज के यथार्थ-चित्रण की प्रवृत्ति अर्थात् सामाजिक जागरुकता भी इस युग में देखी जा सकती है। यह युग न केवल हर स्तर पर भक्ति और रीतिकाल की भूमिका है, वरन् आधुनिकता के लक्षण भी यहां बीज रूप में मौजूद हैं।

कवि-प्रकृति और रचना दोनों दृष्टियों से यह वैविध्य का युग है। भाषिक दृष्टि काल की भाषा के साथ ही नवीन विकसित देशभाषा भी यहां अपनी विशेषताओं सहित प्रतिष्ठित है। भाषा में अनेक तरह के मिश्रण न सिर्फ लोक-जीवन की प्रतिकृति हैं, वरन् अभिव्यक्ति के निमित्त काव्य-भाषा की खोज के लिए व्यापक रूप से भटकने का प्रमाण भी हैं। अनेक सामाजिक मानवीय विषयों से यह युग सम्पन्न है। कुल मिलाकर इस युग ने अपभ्रंश से दामन छुड़ा कर हिन्दी के मार्ग पर दूर तक बढ़ने का प्रमाण दिया है। छन्द अथवा काव्य-शिल्प की दृष्टि से भी यह युग भावी युगों की भूमिका रहा है।

भक्तियुग :

राजा हो या नवाब, पंडित हो या तुर्क; पाखंड और विद्वेष के कर्णधार बनकर ये आम जानता को लबालब अंधेरे के सिवा और क्या दे सकते थे। साधना की आग में जिन्होंने अपने को गला डाला

हो–ऐसे निःसंग संवेदनशील कवि ही दुःखी जनता का दर्द बंटा सकते थे। भक्तियुग के सारे कवि त्याग में संत और राग में संसारी थे। उनकी साधना राग का विस्तार और उदात्तीकरण थी। ऐसे विचित्र कवि, इतने परिमाण में, शायद ही संसार के किसी एक काल-खंड में हुए हों। उनकी अलग-अलग राहें परस्पर जुड़ने और जोड़ने का ही उपक्रम थीं। सामंती स्तर पर घृणा और फूटपरस्ती के बावजूद हिन्दू और मुस्लिम जनता भीतर से परस्पर जुड़ती रही। इसका रहस्य सत्ता के इतिहास में नहीं; कबीर, तुलसी, जायसी जैसे कवियों की वाणी में छिपा है। जब कबीर ने कहा था :

हिन्दू कहे मोहि राम पियारा तुरुक कहे रहिमाना।
आपस में दोऊ लरि लरि मूए, मरम न काहू जाना।।

तब वे स्थिति का बखान नहीं कर रहे थे। आत्माओं की मिलन-भूमि की ओर इशारा कर रहे थे। इस खीझ में भी एक अपील है। बाहर का द्वैत बेधकर भीतर का अद्वैत दिखाना कबीर के समस्त खंडनों की आत्मा है। क्योंकि धर्म एक था, जबकि बाह्याचार उसे दरारों में पेश कर रहे थे।

तुलसीदास के महाप्राण समन्वय में उनका विचारक, भक्त और कविरूप एकजुट हो गया था। अन्याय के विरुद्ध वे एक प्रतिरोधी जनशक्ति को जागृत कर रहे थे; दुर्बलता, कदर्थता और कायरता को झटक कर खड़े होने को ललकार रहे थे। वे कह रहे थे कि साधनहीनता को पुरुषार्थ और संघर्ष के मार्ग में बाधक न बनने दो। वनवासी राम से बड़ा सर्वहारा कौन होगा? फिर भी यह अपने समय के क्रूरतम सत्ता-उन्माद को चुनौती देता है और धूल में मिला देता है। तुलसी के मानस का कैनवास यद्यपि जातीय है, फिर भी वह किसी जाति या धर्म के प्रति द्वेषपूर्ण उकसावा नहीं है।

सगुणभक्ति की दूसरी शाखा कृष्णकाव्य है, जिसमें राग और लीला के माध्यम से साधारण जन की प्रतिष्ठा है। कृष्ण जिन लीलाबंधुओं और प्रेमपगी गोपियों के साथ क्रीड़ा करते हैं, वे

समाज के निचले वर्ग में आते हैं। 'लेवा देई बराबर की है, कोन रंक को भूप' की अवधारणा से ओत-प्रोत यह धारा सहज वात्सल्य और मधुर संयोग-वियोग से लोकजीवन के पारिवारिक, सामाजिक और मानवीय पक्षों को छूती और एक प्रकार के आनन्दमूलक काव्य की सृष्टि करती है।

भक्तियुग की दूसरी धारा निर्गुण काव्य है जिसकी मूल अवधारणा है कि परमात्मा अथवा ब्रह्म सभी में अंतर्हित है, सर्वव्यापी है, सभी कर्मों का अधिष्ठाता है, सबका साक्षी है और सबको चेतनता प्रदान करता है, फिर भी वह निराकार है और माया से ऊपर उठा हुआ है। उपनिषद्, गीता और शांकरअद्वैत में 'निर्गुण' की जो विवेचना की गई है वह हिन्दी निर्णुण काव्य-धारा का मुख्य आधार है।

निर्गुण काव्य को भक्तिकाव्य के अन्तर्गत मानने पर विवाद भी हुआ है क्योंकि परम्परा से ज्ञानमार्गी धारा को भक्ति से पृथक माना जा रहा हैं परन्तु ज्ञान अनुभूति के बिना केवल 'वाक्य-ज्ञान' अनुभूति के क्षेत्र में प्रवेश करते ही वह 'भक्ति' के अन्तर्गत आ जाता है। अनेक ज्ञानमार्गी आचार्यों ने भी ज्ञान के अनुभूति पक्ष पर बल दिया है।

कहा जाता है कि सगुणभक्ति को साकार आलंबन मिल जाता है, जबकि निर्गुणभक्ति का आलंबन निराकार है और कविता की सर्जना प्रायः निराकार आत्म से संभव नहीं होती। परंतु काव्य के क्षेत्र में निर्गुण का सम्मूर्तन एक ऐसी व्यावाहारिकता है जिसके कारण यहां निर्गुण मत 'रहस्यवाद' का रूप ले लेता है; यदि सगुणमार्ग का आलंबन राम, कृष्ण या कोई स्वरूप है तो निर्गुण में वही प्रेमी या प्रेमिका (सूफीमत) के रूप में बदल जाता है। उसका कोई स्थिर या स्वीकृत रूप भले न हो लेकिन सम्मूर्तन यहां अवश्य है, जिसके अन्तर्गत आत्मा और परमात्मा के सम्बन्धों में श्रृंगार या माधुर्य का साकार आलंबन रचा गया है। कबीर के राम, हरि आदि इसी निर्गुण का सम्मूर्तन हैं, भले ही वे तुलसी-सूर के राम, हरि से अलग हों। ज्ञान-मार्ग को भक्ति के अन्तर्गत स्वीकार करने का यह एक ठोस आधार है।

यदि गहराई से देखा जाए तो बाह्यरूपाकार के अतिरिक्त निर्गुण और सगुण में साधना विधि की पृथकता को छोड़कर आंतरिक तत्त्वों और दर्शन-स्रोतों में बहुत साम्य है। सच्ची भक्ति में बाहरी पूजा-विधान कोई मायने नहीं रखती, यह सगुण मार्गी कवियों ने अक्सर कहा है। ब्रह्म के साकार और निराकार रूपों में गुणों की समानता है और भक्ति-पद्धति में इन समान गुणों को स्वीकार किया जाता है। आचार्य रामानुज और वल्लभ ने शंकराचार्य द्वारा भक्ति के निषेध को उस प्रस्थानत्रयी की व्याख्या द्वारा भक्ति की प्रतिष्ठा में बदला, जिसकी व्याख्या करते हुए शंकराचार्य ने ज्ञान का प्रतिपादन किया था। इससे भक्ति और ज्ञान-मार्ग के स्रोत की एकता का भी पता चलता है। भक्ति और ज्ञानमार्ग, दोनों में गुरु की प्रतिष्ठा, नामस्मरण का महत्व, दैन्य भावना और अनुभूति की प्रधानता ऐसी समानताएं हैं जिनसे पता चलता है कि अंतस्तत्त्व की दृष्टि से दोनों में वैसी विषमता नहीं है जैसी दिखाई जाती है। फिर भी दोनों धाराओं को आलंबन और कवि के क्षेत्र-चयन की दृष्टि से अलग-अलग रखना युग के संश्लिष्ट रूप को विश्लेषण के माध्यम से पहचानने की कोशिश है।

निर्गुन काव्य धारा में एकओर कबीर जैसे संत कवि हैं जिन्हें ज्ञानमार्गी कहा गया है और दूसरी ओर सूफी कवि हैं जिन्हें प्रेम-मार्गी कहा गया है। यह धारा एक तरह से दो जातियों के भीतर जन्म ले रहे समन्वय के प्रयासों की प्रतीक है। प्रेममार्गी कवि प्रायः मुसलमान थे जो भारत से अपने को कटा-कटा अनुभव करने वाले मुस्लिम समुदाय को भारत की भाषा और आत्मा से जोड़ते हैं। कवि की रचना की यह विशेषता होती है कि उसके विषय कुछ और होते हैं और इशारे कुछ और। यह सारा काव्य यों तो प्रेम काव्य है, परन्तु भीतर से यह दो जातियों के सौहार्द्र का काव्य भी है। वैसे समन्वय की भावना इस युग में सर्वत्र देखी गई। उदाहरण के लिए यदि प्रेममार्गी जायसी के पद्मावत में सूफी-शैली और निर्गुण तत्त्व-दर्शन के साथ आदिकालीन सिद्धों और नाथों की अवधारणाएं, भारतीय तत्त्ववाद, लोक प्रचलित

शैली, भाषा और देसी विषय-वस्तु है, उसी तरह कबीर के भारतीय चिंतन से अनुप्राणित ज्ञान-मार्ग पर अनेक विद्वान तत्कालीन इस्लाम के एकेश्वरवाद और मनुष्य मात्र की समानता की धारणा का प्रभाव देखते हैं। दर्शनों में कई तत्त्व इतने समान होते हैं कि उन्हें किसी के साथ भी जोड़ा जा सकता है। उदाहरण के लिए कबीर ने अपने काव्य में जो खंडन-मंडन किए हैं, उसका मूल रूप सिद्धों में और भारतीय दर्शन के विवादों में भी प्रकारांतर से देखा जा सकता है।

दार्शनिक एवं मतवादी विचारधारा की पृष्ठभूमि पर होते हुए भी सम्पूर्ण भक्तिकाव्य में समकालीन प्रश्नों, समस्याओं और चिंताओं की प्रखर अभिव्यक्ति है।

इस माने में भक्तियुग के कवि निराले थे। वे संत-रूप में पारलौकिकता से जुड़े थे, लेकिन कवि-रूप में जीवन से उनके रिश्ते गहरे और सच्चे थे। उनकी दृष्टि स्पष्ट और निर्मल थी, क्योंक राजाओं और पूंजीपतियों का अन्न उनके पेट में नहीं गया था-जिससे अक्ल मोटी और दृष्टि भोथरी हो जाती है। विपरीत-सी दिखने वाली दो भूमियों को व्यक्तित्व में समोना ऐसी विस्मयजनक साधना है, जो भक्तियुग के कवियों से ही संभव थी।

जहां तक भक्ति-आन्दोलन के सूत्रपात का संबंध है वह मुख्यत: भागवत धर्म के प्रचार-प्रसार के परिणामस्वरूप जन्मा था और उसकी लोकोन्मुखी प्रवृत्ति के कारण धीरे-धीरे लोक-प्रचलित भाषाओं के माध्यम से फैला था। भक्ति-साहित्य में उसकी काव्यात्मक अभिव्यक्ति हुई है। परन्तु भक्ति-भावना वैष्णव धर्म तक ही सीमित नहीं थी-शैव, शाक्त के अतिरिक्त बौद्ध और जैन सम्प्रदाय तक इस प्रवाह से प्रभावित हुए बिना नहीं रह सके। मुस्लिम सूफ़ी सम्प्रदाय के भी भक्तिकाल की सामान्य भाव-धारा में अविस्मरणीय योगदान की चर्चा की ही जा चुकी है।

तत्कालीन भारत में प्रचलित विभिन्न धर्मों में, अनेकानेक भागों और सम्प्रदायों में बंटने की प्रवृत्ति चरम सीमा पर पहुंच गई थी। न

केवल हिन्दू धर्म के विभिन्न सम्प्रदाय कई-कई भागों में बंटे बल्कि इस्लाम में भी ऐसे विभाजन दिखाई दिए। वे परस्पर एक दूसरे से अक्सर संघर्ष करते रहते थे। परंतु भक्ति-काव्य अपने-अपने मतों की भिन्नता के बावजूद समस्त धार्मिक सम्प्रदायों और जातियों में विराट् समन्वय का प्रतीक बनकर आया। इतना ही नहीं वह समस्त मानवता को एक सूत्र में गूंथने के उपक्रम के रूप में भी प्रकट हुआ।

इस दृष्टि से भी भक्तियुग अपने समय की आवश्यकता था। यदि वे रचनाकार संत या भक्त न होते तो सामंतवाद के उस घृणित दौर में हिन्दू राजा या मुस्लिम शासक उस अभिशप्त जीवन से जनता की रक्षा कर सकने में असमर्थ हो जाते। ब्राह्मण और तुर्क बाह्याचारी भी केवल पाखंड ही फैला सकते थे। वास्तव में ऐसे समय में निस्पृह संतों और भक्तों के उद्भव ने ही इस बीमार मानसिकता का इलाज किया। गरीबी, अशिक्षा, साम्प्रदायिक वैमनस्य, राजनीतिक पराधीनता, अंधविश्वास, वर्ण-वैषम्य, शोषण, विस्थापन की समस्याओं के उस दमघोटू वातावरण से जनता विकल थी। लगभग पूरे भारत पर मुसलमानों का आधिपत्य हो गया था। इसमें कुछ उदार शासक भी हुए, पर संकीर्ण अधिकांश। इससे सामान्यत: हिन्दू जनता में भय और आत्मरक्षा के अलावा अपने अस्तित्व के संघर्ष की भावना भी पैदा हुई। धार्मिक बाह्याचार और राजनीतिक पाखंड के साथ अनैतिक और मूल्यहीन व्यवस्था का गठजोड़ था। इस विषम स्थिति में भक्तिकाल के कवियों ने जनता को पाखंड और अनैतिकताओं के विरुद्ध जगाया, भीतर से जुड़ने की इच्छा वाली जनता में समन्वय और साहचर्य के अवसर पैदा किए, उनके आत्मविश्वास को बल पहुंचाया और उन्हें उदात्त, व्यापक तथा कल्याणकारी जीवन का मार्ग दिखाया।

हिन्दू-मुस्लिम संस्कृतियों के समन्वय की सदाशयी कोशिशों के लिए प्रेमाश्रयी शाखा का स्मरण किया जाता रहेगा। यही भावना संतों में भी थी, परंतु दोनों प्रकार के कवियों की व्यंजना पद्धति भिन्न है। कहना नहीं होगा कि जितनी सरसता और काव्यात्मकता प्रेममार्गी

कवियों में है उतनी ज्ञानाश्रयी काव्य में नहीं है, फिर भी दोनों ही काव्यधाराएं भारतीय और इस्लाम दर्शनों के समन्वय और तत्कालीन आवश्यकता के अनुरूप जातियों के समन्वय के साथ मनुष्य की समानता की पक्षधर थीं। सूफ़ियों ने अपनी अभिव्यक्ति के लिए भारतीय, विशेषत: हिन्दू प्रेम-कथाएं चुनी हैं। इससे उनकी सहिष्णुता और सद्भाव का पता चलता है। प्रेम और प्रेम-पीड़ा की मार्मिक व्यंजना, प्रेम-प्राप्ति के लिए विकट संघर्ष, देश-काल का व्यापक वर्णन, अनेक ज्ञानधाराओं का समावेश, प्रेम की दार्शनिक उदात्तता और भारतीय लोक-भाषा का माध्यम के रूप में चुनाव सूफीकाव्य की विशेषताएं हैं। विद्वानों ने शिल्प के स्तर पर इन काव्यों में अनेक त्रुटियां दिखाई हैं जो वहां हैं, परंतु उदात्तता और समन्वय की भावना से की गई प्रेमाभिव्यंजना और अनेक काव्य-गुणों के कारण ये दोष नगण्य हैं। तत्कालीन लोकमानस की रचना में प्रेममार्गी कवियों का योगदान अविस्मरणीय है।

तात्पर्य यह कि भक्तियुग की विभिन्न धाराएं एक ही लोक-समुद्र में मिलती हैं। वास्तव में वस्तु की गम्भीरता और उद्देश्यपरकता, शिल्प का वैविध्य, विचारों की उदात्तता, अनुभूति की गहराई और लोक को मार्गदर्शन देने वाली दृष्टिपरकता के कारण यह युग न केवल उत्कृष्ट सृजन बल्कि सार्थक सृजन की दृष्टि से भी अप्रतिम है। इसीलिए इसे 'स्वर्णयुग' कहा जाता है।

यहीं यह कहना भी जरूरी है कि काल के केन्द्रीय प्रवाह में हम ऐसी छोटी-मोटी धाराओं, कूलों-कछारों की अनदेखी कर जाते हैं जो आगामी युग के निर्माण में खामोश हिस्सा लेते हैं और कहीं-कहीं मूल रचना-प्रवाह का कोई सहायक या प्रतिपक्ष रचते हैं। उदाहरण के लिए हम चकित रह जाते हैं कि ठीक भक्तियुग की पीठ पर उससे विपरीत रीतियुग जन्म लेता है। पलभर को हम सोच सकते हैं कि यदि यही होना है तो भक्तियुग का वह मूल्यपरक संघर्ष, वह अध्यात्म चेतना, वह प्रेम की निर्मलता और उदात्तता के क्या मायने हैं? परंतु यदि हम

भक्तिकाल की समानान्तर और अंतर्वाही प्रवृत्तियों को देखें तो यह जानते हुए देर नहीं लगेगी कि रीतियुग के बीजाणु भक्तियुग में ही थे। कृष्णदास और कुछ अन्य कवियों में कामुकता का कैसा ज्वार है! केशवदास तो एक पूरा रीतिशास्त्र लेकर आते हैं जहां चमत्कारवाद और खास तरह का एकेडेमिक्स जन्म लेता है, जहां भाषा से कवि के संबंध राग से अधिक घृणा के हैं।* ऐसी भाषा और रचनावृत्ति किस तरह की रचना को जन्म देगी? इसी तरह रीतियुग की आनुषंगिक प्रवृत्तियां केवल अतीत की ध्वनियां नहीं थीं, उनमें भविष्य की भूमिका थी। भूषण का वीर-रस और धनानंद की स्वच्छंद रागात्मकता, छायावाद की स्वच्छंद चेतना का पूर्वाभास है। ऐसी प्रवृत्तियों से पता चलता है कि किन चीजों के क्षरण और किनके संवर्धन की स्थितियां बन रही थीं? केन्द्रीय वृत्ति और गौण प्रवृत्तियों के क्या संबंध थे? किसी युग की गौण प्रवृत्तियां कई बार दो युगों की संक्रमण भूमि भी बन जाती हैं जिसमें अपने युग के अवशेषों के साथ आगामी युग के संकेत भी होते हैं। अतः इन्हें दो देशों की सीमा के बीच 'नो मेन्स लेंड' की तरह पहचानने की कोशिश भी की जानी चाहिए। दूसरी बात यह है कि साहित्यिक–युगों की राजनीतिक, धाार्मिक, सांस्कृतिक या आर्थिक स्थितियों की व्यापक पहचान के बिना किसी भी रचना-काल का वृहत्तर अर्थों में सही मूल्यांकन नहीं हो सकता। इस दृष्टि से भक्ति-युग एक सजग रचना-समय था।

रीतियुग :

'भक्तियुग' के बाद आया 'रीतियुग' जो इसके ठीक विपरीत था। भक्त कवि न तो मुगलशाही के वैभव में फंसे न वे नर के मनसबदार बने न सीकरी के ताबेदार रहे। लेकिन रीतिकाल के कवि राज्याश्रयी भी

---

* केशव अपने को धिक्कारते हुए कहते हैं :

भाषा बोलि न जानहि जिनके कुल के दास।
सो भाषा कविता करी, जड़मति केशवदास।।

थे और शास्त्राश्रयी भी। आचार्य कहाए जाकर भी वे प्राय: संस्कृत काव्यशास्त्र के और उसके भी अलंकारों, नायिका-भेदों, रसों आदि के टीकाकार हुए, कोई मौलिक काम न कर सके। राजाओं के प्रिय रहकर वे प्राय: श्रृंगार और चमत्कार प्रधान दरबारी मनोवृत्ति को कविता में पिरोते रहे।

सामान्यत: रीतिकालीन कवियों के राज्याश्रय से राज्य का चरित्र भी उजागर होता है और सत्ता और शब्द के संबंध भी। वैसे भी सामान्यत: शासक को प्रिय होती है मूक प्रजा और स्वभावत: कवि उसे देता है वाणी! इसलिए सत्ता उसे चुप रहने या अपनी ही जुबान में बोलने के लिए अशर्फियां देती है। संभवत: इसीलिए लोकाराधक कवि सत्ता से दूर भागता है, और बदले में यातनाएं झेलता है–लेकिन शब्द नहीं बेचता। जो कवि अपने को सत्ता के हाथों बेच देता है वह शब्द की रक्षा नहीं कर सकता। उसकी वाणी कठपुतली हो जाती है। वह शब्द-क्रीड़ा करता है, शब्द-साधना नहीं। रीतियुग की कवि-किस्म इस दृष्टि से भी भक्तियुग से अलग होती है। रीति-कविता में (कुछ अपवादों को छोड़कर) प्रेम और विलास, क्रीड़ा और कामपरता; युद्ध-नीति और युद्धोन्माद का विवेक ही समाप्त हो गया था, क्योंकि कवि के साथ कविता भी दासीनुमा हो गयी थी। शास्त्र-रूढ़ि और पांडित्य पर बहसियाते हुए लोग भूल जाते हैं कि उस युग के कवि की यह अनिवार्य नियति थी। वह पूरी तरह पराश्रित था। अपने भोजन और विलास के लिए वह राजा का मुंह ताकता था और कविता के लिए शास्त्रों का। लीक पर चलना ही उसका स्वाभाविक अनुशासन था। दरबारी तहजीब उसकी मनोवृत्ति थी–चाहे वह उसे 'बद्ध' हो या 'सिद्ध' बात एक ही है।* आत्मबोध को लोक-बोध में बदला जा सकता है, लेकिन दास-बोध की स्वामी-बोध के अतिरिक्त कोई राह

---

* रीति कवियों को आचार्यों ने तीन प्रकारों में बांटा है : रीतिबद्ध, रीतिसिद्ध और रीति मुक्त।–(ले.)

नहीं होती।

लेकिन इस युग के घनानंद, बोधा, आलम, ठाकुर, भूषण जैसे प्रभावशाली कवियों के गंभीर अवदान को भी हमें नहीं भूलना चाहिए जो राष्ट्रीयकाव्य और स्वच्छंद प्रेम-धारा के मेरुदण्ड रहे। पद्माकर जैसे कवियों ने प्रकृति-सौन्दर्य को काव्य की विषय-वस्तु और प्रेरणा बनाए रखा। रीतिकाल के भाषिक, कलात्मक, सूत्रपरक मार्मिक व्यंजना पक्ष को भी नहीं भूलना चाहिए जो रचना का एक अनिवार्य पक्ष होता है और सीमित उद्देश्य के बावजूद रचना की ऐसी साधना होता है जो दुर्लभ है। इसे हम कलादीक्षा की तरह समझ सकते हैं। इस दृष्टि से रीतिकाल अप्रतिम है। बिहारी, देव, पद्माकर, सेनापति जैसे कवि-कलावंत इतिहास में कभी-कभी ही होते हैं। इसलिए इन्हें हाशिये में भी नहीं डाला जा सकता, बावजूद कई सवालों के।

आधुनिकयुग :

रीतिकालीन बादशाहों के वैभव-विलास और रसिक-वृत्ति को देखें और अधिकांश रचनाकारों की भूमिका देखें तो यह पूछने का अब कोई औचित्य नहीं रह जाता है कि प्राय: बिना खून बहाए हिन्दुस्तान अंग्रेजों का गुलाम कैसे हो गया? जनता की भौतिकसत्ता शासक के पास होती है और भावसत्ता कवि के पास। दोनों की रक्षा कवच यदि मृणाल तंतु से बुने हों तो?

साहित्य की विकास-प्रक्रिया देखने से य स्पष्ट हो जाता है कि समय की गतिशीलता के अनुपात से युग-परिवर्तन का अटूट संबंध है। आदिकाल सात सौ सालों तक चला, भक्तिकाल तीन सौ साल तक और रीतिकाल दो सौ साल जारी रहा। यद्यपि समय की गति के अनुरूप उक्त युग-सीमाएं भी क्रमश: छोटी होती गई हैं, परंतु आधुनिक समय में प्रवेश करते ही रचना-युग निरन्तर तीव्र गति से बदलने लगता है। पुनर्जागरण काल 45 वर्ष भी पूरे नहीं कर पाता कि जागरण सुधारकाल दस्तक देने लगता है और बीस वर्ष पूरे करते-न-करते छायावाद-युग देहलीज पर खड़ा हो जाता है, वह भी दो दशक पूरे नहीं

कर पाता कि 1939 के आसपास प्रगतियुग की बुलाहट प्रारम्भ हो जाती है और वह अपने जोश-ओ-खरोश को पूरा व्यक्त भी नहीं कर पाता कि नई सुगबुगाहट शुरू हो जाती है; नई रचना के अपेक्षाकृत कुछ लम्बे दौर में भी आंतरिक परिवर्तन का क्रम जारी रहता है जिसे कुछ लोग अलग धारा तक समझ लेते हैं। इसके बाद तो सातवें दशक से परिवर्तन चक्र इतनी तेजी से घूमने लगता है कि उसे परिभाषित कर सकना आठवें, नौवें, दसवें दशक में लगातार मुश्किल होता जाता है। दस-दस, पांच-पांच साल की साहित्यिक प्रवृत्तियों में बदलाव की पड़तालें शुरू हो जाती हैं। तात्पर्य यह कि तीव्र गतिशीलता आधुनिकता का स्वभाव है क्योंकि समय की गति ज्ञान-विज्ञान, संचार-प्रेस, परिवर्तन की उत्कटता आदि उपादानों के हाथ में पड़ गई है और ये त्वरित गतिशील हैं। फिर, सृजनशील मस्तिष्क की तीव्रता उपादानों से भी अधिक है और वह सदैव नई खोजों में लगा रहता है। आधुनिककाल के युग-परिवर्तनों को इस परिप्रेक्ष्य में भी देखा जाना चाहिए।

भारतेन्दुयुग :

1857 का संघर्ष राष्ट्रीय-स्वाधीनता की पहल था। परंतु इस प्रसंग की चर्चा करते हुए इतिहासकार अक्सर साहित्य की भूमिका को नजरअंदाज कर जाते हैं-जबकि मुक्ति के इस सामासिक चरण में, एक पद साहित्य का भी था। वह नवजागरण का संघर्षशील युग था। लोगों ने भले ही इसे अनेक नए साधनों के द्वारा व्याख्यायिक किया; परंतु ये चीजें, मसलन मुद्रणालय, यातायात, औद्योगीकरण आदि तो साहित्य के संदर्भ में आधुनिकता के बाहरी उपकरण हैं। सच्ची आधुनिकता तो वह है जिसमें कवि समाज के यथार्थ और गतिशील बोध से जुड़ता है और प्रतिष्ठानों से संघर्ष करते हुए, अपने व्यक्तित्व को स्वतंत्र रखता है। एक तरह से यह स्वतन्त्र्य चेतना के प्रतीकात्मक बोध का युग था। धर्म, चेतना, रीति, राज्य-सबका सहारा छोड़कर अपने पैरों पर खड़ा भारतेन्दुयुग का कवि आधुनिकता का अग्र पुरुष है। लेकिन आरम्भ की अपनी समस्याएं होती हैं, कवि द्वंद्व

से पूरी तरह मुक्त नहीं हो पाता; पराधीनता का विरोधी होते हुए भी अंग्रेजों के आभार से दबा लगता है या क्रांतिकारी होकर भी कहीं-कहीं निरीह-सा ईश्वर से प्रार्थना कर लेता है। लगता है वह एक ऐसा राही है जिसे पिछले उठे हुए पैर को आगे रखने के लिए सही जमीन की तलाश है। असमंजस की यह स्थिति गद्य और पद्य के भाषा-द्वैत में भी दीख पड़ती है और प्रकारांतर से जीवन और सृजन के संबंध सूचित करती है। इस स्थिति को ऐतिहासिक संदर्भ में देखने पर ही इसमें निहित परिवर्तन की उत्कटता, संघर्षशीलता और रचनात्मक अवदान की अप्रतिमता देखी जा सकती है।

स्वतंत्रता आंदोलन के उस जन्मकाल में भारतेन्दु युग धुआंधार नाटक मंचित करके; कविताएं, निबंध और व्यंग्य लिखकर; विचार, सुधार और विद्रोह को सृजनात्मक, मानवीय और आत्मीय अर्थ रहा था। इसे अचर्चित छोड़कर गतिशील शक्तियों के साथ कोई न्याय नहीं किया जा सकता। उकसाने वाले भाषणों के बजाय, ऐसी उक्तियों का मन पर ज्यादा असर होता है :

जदपि जगत में बहु दुःख दुसह महान
पराधीनता के सम तदपि न आन।

—प्रेमघन

लोगों के मुहावरे में ललकारती हुई यह अक्खड़ भाषा, सभ्य लफ्फाजी की तुलना में उपालंभ की तरह चुभती भी है और प्रिय भी लगती है :

सब तजि गहौ स्वतंत्रता, नहिं चुप लातें खाव।

अंग्रेजों ने साम्राज्यवादी हितों के लिए भारत में आधुनिकीकरण का प्रारम्भ किया। नई अर्थव्यवस्था, उद्योग, संचार-सुविधा, प्रेस और अंग्रेजी शिक्षा-माध्यम द्वारा आधुनिकीकरण की नींव रखी गई। परंतु सबमें साम्राज्यवाद का निहित स्वार्थ था। ग्राम की स्वायत्तता समाप्त करके मालगुजारी और महाजनी के बीच ग्रामीण जनता को फंसाकर उसकी आत्म-निर्भरता, स्वतंत्र जीवन पद्धति को महाजनी सभ्यता की

गिरफ्त में कसा गया; देशी उद्योगों का खात्मा करके अपने लिए बाजार की सुविधा और अवसर जुटाए गए, संचार सुविधाएं वास्तव में अपना माल ढोने, सेना को देशभर में ले जाने और शासन तंत्र को गतिशील करने के लिए फैलाई गई! प्रेस को ईसाई धर्म-प्रचार, भारतीय धर्म का विरोध और सरकारी नीतियों के प्रचार-प्रसार के लिए स्थापित किया गया, अंग्रेजी शिक्षा देश के लिए बाबू वर्ग प्राप्त करने और अपने धर्म-संस्कृति-साहित्य आदि के प्रचार के लिए मुहैया की गई, साथ ही पारम्परिक शिक्षा को नष्ट करने के हथियार के रूप में भी इस्तेमाल किया गया।

लेकिन इन्हीं रीति-नीतियों के माध्यम से शिक्षित प्रबुद्ध वर्ग ने नई दिशा में सोचने का प्रयत्न किया और देश को नए ढंग से गतिशील करने के लिए नए-नए सुधार प्रारम्भ किए। अतीत के पुनर्संस्कार द्वारा नई भारतीयता विकसित करने की कोशिश की गई ताकि पश्चिम से विवेक संगत समन्वय द्वारा उसको नया किया जा सके। संयोगवश उस युग में राजा राममोहन राय, केशवचन्द्र सेन, स्वामी दयानंद, स्वामी विवेकानंद इत्यादि असाधारण प्रतिभा के व्यक्तित्व उत्पन्न हुए जिन्होंने भारत की जड़ता, रूढ़िवादिता, अंध धर्मवाद, जातिवाद और अनेक सामाजिक और पारम्परिक बुराइयों के विरुद्ध संघर्ष करते हएु, भारत में से नए भारत के अभ्युत्थान का सफल प्रयत्न किया और साम्राज्यवादी साधनों को, साम्राज्यवाद से मुक्ति और अपने विकास के लिए इस्तेमाल किया।

जैसा कहा गया है कि इस बहुमुखी सुधारवाद और पुनर्जागरण के प्रयासों में साहित्य ने भी अपनी महत्वपूर्ण भूमिका निभाई। भारतेन्दु-युग के बाद द्विवेदीयुग ने भी उक्त सुधारवाद के समानान्तर साहित्य में नए युग की स्थापना की।

भारतेन्दुयुग का रचनाकार अच्छी तरह समझता है कि मुक्ति न तो एकायामी होती है और न इकहरे ढंग से पाई जा सकती है। इसलिए वह राजनीतिक मुक्ति की एकांत राष्ट्रीयता से बंध नहीं पाता और युग

के समग्र मुक्ति-प्रयासों को अपने में समेटता हुआ, चौतरफा मुक्ति की पहल करता है। इस प्रयत्न में वह स्वत: ही पारम्परिक भाषा और शैली से भी मुक्त हो जाता है और तरह-तरह की अभिव्यक्तियों में खिल उठता है। हास्य-व्यंग्य के मुहावरे से जनजीवन और जन-भाषा को जोड़ने का एक बहुत ही हसीन काम भारतेन्दुयुग ने किया। नाटक, जिसका जन्म ही विचार और ज्ञान को जनता तक पहुंचाने के लिए हुआ था, पिछले युगों में नितांत लुप्त हो गया था। इस युग ने उसे पुनर्जीवित कर दिया, न केवल लेखन के स्तर पर, बल्कि मंचन के स्तर पर भी। तत्कालीन नाट्य रचना की अपील कितनी लोकोन्मुख थी, यह 'भारत-दुर्दशा' और 'अंधेर नगरी' जैसे नाटकों से स्पष्ट है। एक व्यापक अर्थ में, भारतेन्दुयुग, साम्राज्यवाद, पूंजीवाद और अंधानुकरणवाद के विरुद्ध प्रगतिशीलता की एक सार्थक और सोद्देश्य शुरुआत थी।

रीतिकाल की ह्रासोन्मुख से पृथक् होना नए युग की अनिवार्यता थी। इस युग में समाज, राजनीति, दर्शन और धर्म की तरह साहित्य में भी गत्यात्मक सोच उत्पन्न हुआ। इसका प्रथम लक्षण भाषा और शिल्प के परिवर्तन में प्रकट हुआ। ब्रजभाषा अपने पारम्परिक परिवेश के कारण नई चेतना को प्रकट करने में समर्थ नहीं थी। उसका स्थान आम जनता की तत्कालीन बोलचाल की भाषा खड़ी बोली ने लिया। दूसरी ओर समकालीन समाज-बोध और बहुमुखी समस्याओं के सम्प्रेषण के लिए गद्य का प्रादुर्भाव हुआ। यद्यपि काव्य की भाषा तब भी ब्रज ही थी, परंतु गद्य नई भाषा लेकर आया; छापेखानों के कारण गद्य के विकास की सुविधाएं भी थीं, जिसका लाभ उठाया गया। नए सोच और कथ्य का समावेश हुआ और रीतिकालीन जड़ता टूटी। धर्म और आध्यात्मिकता की जगह साहित्य में लौकिक और आर्थिक चिंता का समावेश हुआ; उस समय चल रहे समाज-सुधारों के विपरीत साहित्य में राजनीतिक, सामाजिक, आर्थिक, धार्मिक सभी स्तरों पर रचनाकारों ने नई संवेदनशीलता से लिखा और साम्राज्यवादी शोषण तथा सामाजिक बुराइयों पर तीखे प्रहार किए, लोगों का खोया हुआ आत्म-विश्वास

जगाया, भेदभाव की भावना से ऊपर उठने का आह्वान किया। पाश्चात्य ज्ञान-विज्ञान के सम्पर्क की प्रेरणा देते हुए इनके साम्राज्यवादी प्रयोजनों पर व्यंग्य किया। स्त्री-शिक्षा का समर्थन और स्त्री के प्रति पारंपरिक जड़ता और अंधविश्वासों के विरुद्ध आवाज उठाई। भारत की मौलिक अस्मिता, जो अनेक रूढ़ियों के कारण लुप्त हो गई थी, उसे जगाने का प्रयत्न किया गया। कुल मिलाकर देश की नई संघटना में भारतेन्दुयुग ने अपनी सार्थक भूमिका निभाई। इस युग से ही काव्य और गद्य धाराओं की पृथक् चर्चा करना जरूरी है।

काव्य-धारा :

भारतेन्दु युगीन कवियों का काव्य-फलक विस्तृत है। भाषिक संलग्नता के कारण संभवत: उसका एक सिरा भक्ति और रीतिकाल से जुड़ा है, तो दूसरी ओर समकालीन जागरूकता से भी गहराई से जुड़ा है। उसमें राष्ट्रीय चेतना, सामाजिक चेतना, भक्ति-भावना, श्रृंगरिकता, प्रकृति-चित्रण, हास्य-व्यंग्य, रीति-निरुपण, समस्या-पूर्ति, काव्यानुवाद आदि समाविष्ट है।

राष्ट्रीयता की दृष्टि से रचनाकारों ने क्षेत्रीयता से ऊपर उठकर अपनी भावना को व्यापक फलक पर चित्रित किया। राधाचरण गोस्वामी, प्रेमधन, प्रतापनारायण मिश्र, राधाकृष्ण दास, भारतेन्दु आदि ने लोगों में राष्ट्रप्रेम जगाने का प्रयत्न किया। दूसरी ओर उन्होंने अंग्रेजी साम्राज्य के प्रति भी नर्म रुख अपनाया और सुधार कार्यों के लिए उसकी प्रशंसा भी की। वास्तव में अभी देशप्रेम का वह रूप नहीं निखरा था, जिसमें साम्राज्यवादियों के विरुद्ध संघर्ष और स्वाधीनता प्राप्ति का संकल्प होता है। संभवत: अभी प्रबुद्ध भारतीय मानस में भी यह आकांक्षा और संकल्प ठीक से जागा ही नहीं था। हां, इस युग के कवियों में विदेशियों द्वारा किए जा रहे शोषण, विदेशी भाषा, संस्कृति आदि के प्रति विद्रोह की भावना अवश्य थी, जिसे वे प्राय: व्यंग्य के माध्यम से प्रकट करते थे। सामाजिक स्तर पर नारी शिक्षा, विध वा-दुर्दशा, अस्पृश्यता, रूढ़िवादिता आदि को लेकर लोक-मन को

अपील करने वाली कविताएं लिखी गईं, ताकि इन अभिशापों से समाज मुक्त हो। तत्कालीन सुधारवाद के प्रति यद्यपि सभी लेखकों का रुख समान नहीं था, कुछ ने उनका भी विरोध किया, परंतु समग्रता में साहित्य का स्वर सुधारवाद का समर्थन करता है। अर्थव्यवस्था के संदर्भ में कवियों ने स्वदेशी वस्तुओं के उपयोग की प्रेरणा दी और विदेशी वस्तुओं के बहिष्कार का आह्वान किया। जहां अंग्रेजों के अनेक आधुनिक कार्यों की सर्जकों ने सराहना की वहीं किसान-श्रमिक की दरिद्रता और देश की दुर्दशा पर आंसू बहाए, महंगाई, महामारी और करों के बोझ से त्रस्त जनता की वेदना व्यक्त की। भक्ति के क्षेत्र में पारंपरिक भक्ति-भावना में स्वदेशानुराग से समन्वित ईश्वर-भक्ति जुड़ गई। श्रृंगार-भावना कविता में व्यक्त हुई। इस युग में प्रकृति-चित्रण प्रायः उद्दीपन के रूप में हुआ। लेकिन व्यंग्यात्मक कविताएं प्रचुर परिमाण में लिखी गईं। उर्दू की स्यापा पद्धति भी यहां दिखाई देती है। प्रेमघन, भारतेन्दु, प्रतापनारायण मिश्र सभी ने हास्य-व्यंग्य की रचनाएं लिखीं। अन्य भाषाओं से अनुवाद की प्रवृत्ति पनपी।

नाटक :

हिन्दी में नाटक-लेखन का प्रारम्भ भारतेन्दु-युग से ही माना जाना चाहिए। क्योंकि उनके पूर्व प्रकाशित नाटकों का साहित्यिक महत्व नगण्य है। इस युग में भी सर्वश्रेष्ठ नाटक भारतेन्दु के ही हैं। उनके नाटकों की संख्या सत्रह है, जिसमें अधिकांश अनूदित हैं। उनके मौलिक नाटकों में वैदिकी हिंसा हिंसा न भवति, सत्य हरिश्चन्द्र, श्री चन्द्रावली (नाटिका), विषस्यविषमौषधम्, भारत दुर्दशा, नीलदेवी (गीतिरूपक) और अंधेर नगरी प्रसिद्ध हैं। इस युग में पौराणिक ऐतिहासिक, रोमानी, सामयिक नाटक, प्रहसन और प्रतीकवादी नाटक लिखे गए। इनमें सर्वाधिक संख्या पौराणिक नाटकों की है। इस चयन में लोक-दृष्टि की प्रधानता प्रतीत होती है। क्योंकि जिन कथाओं से लोग परिचित हैं उन्हीं के माध्यम से अपने युग की अभिव्यक्ति अधिक सम्प्रेष्य होती है। प्रसिद्ध नाटककारों में श्रीनिवासदास, राधादास गोस्वामी,

प्रेमघन, राधाकृष्णदास, प्रतापनारायण मिश्र, कमलाचरण मिश्र आदि हैं।

भारतेन्दुयुग में नाटकों की रचना का मूल उद्देश्य मनोरंजन के साथ जनता को जागृत करना भी था। इस समय तक पारसी थियेट्रिकल कम्पनियां सस्ते मनोरंजन के नाटक खेला करती थी, भारतेन्दु ने इनका विरोध किया और स्वस्थ साहित्यिक अभिरुचि जगाने के लिए स्वयं भी नाटक लिखे और लिखवाए। अनुवाद की एक स्वस्थ और भाषा को समृद्ध करने वाली परिपाटी भी भारतेन्दु-युग से ही शुरू हुई। भारतीय और पाश्चात्य दोनों शैलियों के नाटक लिखे गए। अनूदित नाटकों से नवीन दृष्टि प्राप्त हुई और हिन्दी साहित्य को गहरे रचना संस्कार और विस्तृत दृष्टि मिली। अनुवाद मुख्यतः संस्कृत, बंगला और अंग्रेजी से किए गए।

उपन्यास :

इस युग में उपन्यास की रचना भी प्रारम्भ हुई। आधुनिक ढंग का पहला उपन्यास लाला श्रीनिवासदास का 'परीक्षा गुरु' है। भारतेन्दुयुग में सामाजिक, ऐतिहासिक, तिलस्मी-अय्यारी, जासूसी तथा रोमानी उपन्यास भी लिखे गए। इनमें सबसे महत्वपूर्ण सामाजिक उपन्यास ही हैं, जो उद्देश्यपरक और यथार्थ समस्याओं को लेकर लिखे गए। इनका लक्ष्य समाज की कुरीतियां सामने लाकर उनका विरोध करते हुए आदर्श परिवार और समाज की रचना का संदेश देना है।

निबंध :

इस युग को सबसे अधिक सफलता निबंध-लेखन के क्षेत्र में प्राप्त हुई। अनंत विषय बिखरे थे-राजनीतिक, सामाजिक, धार्मिक, आध्यात्मिक, आर्थिक महापुरुषों की जीवनियां आदि। विभिन्न पत्र-पत्रिकाओं के माध्यम से ऐसे लेख खूब प्रकाशित हुए। भारतेन्दु से निबंध लेखन का प्रारम्भ हुआ। परन्तु इस दिशा में सर्वाधिक ख्याति बालकृष्ण भट्ट और प्रतापनारायण मिश्र को मिली। आचार्य शुक्ल ने इन्हें क्रमशः हिन्दी की 'स्टील' और 'एडीसन' कहा है। वास्तव में ये दोनों हिन्दी के सच्चे

आत्माभिव्यंजक निबंधकार हैं। इनके अलावा बदरीनारायण चौधरी, लाला श्रीनिवासदास, राधाचरण गोस्वामी और काशीनाथ खत्री भी इस युग के प्रमुख निबंधकार हैं। उपदेश, उद्‌बोधन, आह्वान, व्याख्या, व्यंग्य-हास्य आदि अनेक माध्यमों से लिखे निबंधों का प्रमुख उद्देश्य जनता को शिक्षित करना था। तात्पर्य यह कि अभिव्यक्ति की ऐसी कोई भंगिमा नहीं है, जिसका आरम्भ भारतेन्दुयुग के निबंधों में न हुआ हो। फिर भी सर्वाधिक विशेषता इनके माध्यम से प्रोत्साहित राष्ट्रीय, सांस्कृतिक जागरण है।

भारतेन्दुयुग आधुनिकयुग का प्रारम्भ ही नहीं था। इस युग में इतना विपुल, व्यापक और जागरूक साहित्य रचा गया जिसमें न केवल हिन्दी भाषा की प्रतिष्ठा बढ़ी बल्कि आधुनिक युग को गतिशीलता की प्रेरणा मिली। लगभग सभी विधाओं, शैलियों में लिखा साहित्य उस युग की साहित्य चेतना, जिजीविषा और समाज को, रचना के माध्यम से समृद्ध और दिशावान बनाने के लिए अप्रतिम प्रयत्न के रूप में आंका जाएगा। इतिहास के पुनर्जागरण के कदम मिलाते हुए इस युग के साहित्य ने प्रकट किया कि सर्जनात्मक प्रतिभा किस तरह अपने युग में भागीदार और प्रेरक होती है। संक्रमणकालीन मनस्थिति के बावजूद इस युग ने जिस तरह अतीत से मुक्त होकर अग्रगामी आधुनिकता की ओर सार्थक चरण बढ़ाया वह उसकी सार्थकता और जीवंतता का प्रमाण है। विशेष कर उसका गद्य और निबंध साहित्य तो आधुनिक युग के लिए प्रकाश स्तम्भ की तरह है। सार्थक, सोद्देश्य और उत्तरदायी साहित्य होने के बावजूद इस युग के साहित्य में जो चंचलता, रमणीयता, उत्साह और ओजस्विता है वह हिन्दी के मूल लोक चरित्र को प्रतिकृति करती हैं अपनी प्रारम्भिक सीमाओं के बावजूद यह युग सच्चे अर्थों में पुनर्जागरण का युग है।

द्विवेदीयुग :

भारतेन्दुयुग में सामाजिक चेतना जैसी गद्य में दिखाई देती है वैसी पद्य में नहीं। (यद्यपि उसका अभाव वहां नहीं था) इसका कारण वह

पारम्परिक भाषा भी है, जो नए विचारों का वहन करने में समर्थ नहीं थी; आचार्य महावीर प्रसाद द्विवेदी ने बीसवीं शती के प्रारम्भ में 'सरस्वती' का संपादन हाथ में लेते ही कवियों का आह्वान किया कि वे गद्य और पद्य में समान भाषा अपनाएं, पारम्परिक रीति-प्रवृत्ति का परित्याग कर नई शैली में सामाजिक और नैतिक आदर्शों की पुनर्प्रतिष्ठा करें। उन्हीं आदर्शों से प्रेरित होकर मैथिलीशरण गुप्त, गोपालशरण सिंह, गयाप्रसाद शुक्ल 'सनेही', लोचनप्रसाद पाण्डेय आदि ने खड़ी बोली में काव्य रचना प्रारम्भ की। इस बीच अनेक कवियों ने अपनी भाषा और राहें बदलीं; उदाहरणार्थ अयोध्यासिंह उपाध्याय हरिऔध, नाथूराम शर्मा शकर, रायदेवीप्रसाद पूर्ण आदि ने काव्य के परिचित उपादानों को छोड़कर नए विषयों पर खड़ी बोली में कविताएं लिखना प्रारम्भ किया। कुछ कवियों में अब भी भाषा परक द्वन्द्व था, परंतु धीरे-धीरे अधिकांश खड़ी बोली में लिखने लगे। उन्हें यह भी समझ में आया कि नए विषयों की अभिव्यक्ति में पारम्परिक ब्रज भाषा उनकी ठीक ढंग से मदद नहीं कर सकती। दूसरीओर द्विवेदी जी ने खड़ी बोली को व्याकृत किया।

द्विवेदीयुग के सर्वाधिक लोकप्रिय कवि मैथिलीशरण गुप्त थे। खड़ी बोली के विकास में तो इनका अप्रतिम योगदान है ही; विषय-वैविध्य और समकालीन चेतना के भी वे अग्रपुरुष भी हैं। गुप्त जी ने अतीत के श्रेष्ठ तत्त्वों से वर्तमान को संवारने की प्रेरणा में अनेकानेक काव्य-ग्रन्थों का सृजन किया। तत्कालीन समाज, राजनीति, धर्म, अर्थ आदि से संबंधित प्राय: ऐसी कोई समस्या नहीं, जिसे गुप्त जी ने न छुआ हो। राष्ट्र का समग्र व्यक्तित्व उनके काव्य में समा गया था। इसीलिए उन्हें जनता ने 'राष्ट्रकवि' की मान्यता दी थी। गुप्त जी नवशास्त्रवादी युग के अग्रणी कवि हैं। गुण की अपेक्षा परिमाण का ही कुछ लोगक उनकी महत्ता मानते हैं, परन्तु जिस युग में गुप्त जी लिख रहे थे, उसकी अभिव्यक्तिगत, भाषिक-सीमाओं और जन-आकांक्षा को ध्यान में रखकर यदि हम गुप्तजी का मूल्यांकन करेंगे, तो उनके

महत् कार्य के प्रति निश्चय ही श्रद्धा और कृतज्ञता से भर उठेंगे। उनके अतिरिक्त ऊपर उल्लेख किए कवि भी सहज, सरल, राष्ट्रीयता और जीवनादर्शों का काव्य रच रहे थे। अन्य अनेक सामान्य कवि भी थे जो इन्हीं के अनुसरण में काव्य का वातावरण बना रहे थे।

नाटक :

द्विवेदीयुग में नाट्य साहित्य सबसे कम समृद्ध है। संख्या की दृष्टि से नाटक कम नहीं लिखे गए, परंतु महत्व की दृष्टि से वे नगण्य हैं। इस काल में पौराणिक, ऐतिहासिक, सामयिक, रोमांचक नाटकों के अतिरिक्त प्रहसन भी लिखे गए। काफी संख्या में संस्कृत, अंग्रेजी, बंगला से नाटक अनूदित हुए। पौराणिक नाटकों में उपदेश की प्रवृत्ति हैं, नाट्यकला अविकसित है, अभिनय तत्त्व गौण है। एकमात्र अपवाद माखनलाल चतुर्वेदी का 'कृष्णार्जुन युद्ध' नाटक है जो साहित्यिक गुणों से सम्पन्न है। एक दर्जन ऐतिहासिक नाटक लिखे गए। सामयिक दृष्टि से लिखे नाटक अवश्य अपेक्षाकृत ठीक हैं। इनमें सामाजिक-राजनीतिक विकृतियां उभारी गई हैं, परन्तु नाट्यकला की दृष्टि से इनका भी विशेष महत्व नहीं है।

उपन्यास-कहानी :

कथा-साहित्य की दृष्टि से यह युग अपेक्षाकृत समृद्ध है। रोमांच-रहस्य की अधिकता के चलते यथार्थ समस्याओं का चित्रण करने वाले बहुत थोड़े उपन्यास हैं। रहस्य-रोमांच के कारण देवकीनंदन खत्री और गोपालराम गहमरी इस युग में भी बहुत लोकप्रिय रहे। सामाजिक उपन्यासों में सुधारवादी दृष्टि है। किशोरीलाल गोस्वामी, लज्जाराम शर्मा और गंगाप्रसाद गुप्त आदि के उपन्यास इस कोटि में आते हैं। अंग्रेजी और बंगला से अनेक उपन्यास अनूदित हुए। परन्तु कुछ अपवादों को छोड़कर प्रायः सभी कौतुक, रहस्य और रोमांचकारी हैं। इस युग में लिखे उपन्यासों में से सामाजिक उपन्यास केवल इसलिए महत्वपूर्ण हैं कि आगे चलकर उन्होनें प्रेमचन्द-युग के लिए पृष्ठभूमि बनाई। इस

काल में प्रेमचन्द के तीन उपन्यास प्रेमा, रूठी रानी और सेवासदन प्रकाशित हुए। इन तीनों में समाज-सुधार की दृष्टि है। सरस्वती के प्रकाशन के साथ कहानी-विधा का जन्म माना जाता है। प्रारम्भ में अनुकरण प्रधान कहानियां लिखी गईं; वृन्दावन लाल वर्मा, जयशंकर प्रसाद, राधिकारमण प्रसाद सिंह, प्रेमचन्द, चन्द्रधर शर्मा गुलेरी, विश्वम्भरनाथ शर्मा कौशिक, इलाचन्द जोशी आदि विख्यात कथा-लेखकों के उद्‌भव का यही काल है। पंच परमेश्वर (प्रेमचन्द), उसने कहा था (गुलेरी), कानों में कंगना (राधिकारमण प्रसाद सिंह), रक्षाबंधन (विश्वम्भर कौशिक), झलमला (पुदमलाल पुन्नालाल बक्षी; जैसी प्रसिद्ध कहानियां इसी काल में प्रकाशित हुई। इसी युग से समाजपरक और व्यक्तिपरक कथाधारा का भी प्रारम्भ हुआ। अनुवाद अधिकतर बंगला से हुए।

निबंध :

महावीर प्रसाद द्विवेदी, बालमुकुन्द गुप्त, माधव प्रसाद मिश्र, चन्द्रधर शर्मा गुलेरी, रामचन्द्र शुक्ल, गणेशशंकर विद्यार्थी आदि में से कुछ प्रारम्भिक निबंधकार थे और कुछ वरिष्ठ। परंतु समाज की दुर्दशा, विषमता, धार्मिक पतन और राष्ट्रीय समस्याएं आमतौर पर सभी निबंधकारों का विषय रही हैं। युग की व्यापक सामाजिक-सांस्कृतिक चेतना के अध्ययन की दृष्टि से इनका महत्व है। शैली की दृष्टि से वर्णनात्मक, विवरणात्मक, भावात्मक, विचारात्मक, कथात्मक, शोधपरक आदि निबंध लिखे गए। इस क्षेत्र में यद्यपि इस युग की उपलब्धियां उपेक्षणीय नहीं हैं, फिर भी वह ताजगी, वह उल्लास, निर्द्वन्द्व भाव, व्यक्तित्व का उल्लास और उच्छवास, खड़ी बोली में से झांकती अवधी, बैसवाड़ी और ब्रज की चुलबुलाहट, व्यंग्य-हास्य और मधुरता जो भारतेन्दुयुग के निबंध-साहित्य की सहज निधि थी, इस युग में निबंधों में उपलब्ध नहीं होती; परिष्कार की सायास चेष्टा ने अभिव्यक्ति को कुंठित-सा कर दिया है।

आलोचना :

इस युग में हिन्दी आलोचना का गम्भीर और तात्त्विक रूप तो नहीं निखरा परंतु उसकी महत्वपूर्ण पद्धतियां अवश्य विकसित हुईं, जैसे–शास्त्रीय, तुलनात्मक, निर्णयात्मक, अन्वेषण परक, परिचयात्मक, व्याख्यात्मक आदि। तुलनात्मक आलोचना इस युग का विशेष अवदान मानी जा सकती है। व्याख्यात्मक आलोचना में सामाजिक, नैतिक, सांस्कृतिक दृष्टि से विचार करने की प्रक्रिया की शुरुआत उल्लेखनीय है शास्त्रीय और सुधारवादी मूल्य-दृष्टि इस युग की आलोचना की धुरी प्रतीत होती है। जीवनी साहित्य में राष्ट्रीय प्रेरणा देने वाले महापुरुषों की जीवनी का बाहुल्य, यात्रा-साहित्य में रोचकता, विविधता और आकर्षक शैली विकसित हुई। संस्मरण, पत्र जैसी अन्य विधाओं में भी साहित्य लिखा गया। ज्ञान के साहित्य के अन्तर्गत प्रायः इतिहास, विज्ञान, व्याकरण और कोश की रचना हुई।

भाषा को बांधना, नदी को बांधने जैसा है, ताकि उसकी बिखरी हुई शक्ति को किसी उपयोगी ऊर्जा में बदला जा सके। परंतु भाषा अकेली नहीं बंधती, वह अपने साथ पूरे अनुभव-संसार को भी बांध लेती है। भाषा को बांधकर विचारों और अनुभव को खुला छोड़ना संभव नहीं है। व्यवस्था, नियोजन, आदर्श, शिष्टता इत्यादि द्विवेदीयुग की अपरिहार्य नियति थी। परंतु कविता के लिए इतनी व्यवस्था, स्वाभाविक नहीं है, क्योंकि उसका परिणाम होता है अभिव्यंजना का भी थम जाना। नतीजे में द्विवेदीयुग की कविता मार्कटाइम करती रही। गत युग का व्यंग्यास्त्र, अभिधा की चट्टान पर गिरकर कुंठित हो गया। लगभग तभी से हिन्दी-लेखन का भी एक गम्भीर मुहावरा बन गया, वह आज तक उसका पीछा नहीं छोड़ पा रहा है–यहां तक कि लोग व्यंग्य भी गम्भीर ढंग से लिखते हैं! घटनापरक स्थूलता, जो कविता के लिए कच्चा माल हुआ करती है, इस युग की कविता हो गई। लोग जो इसमें दिलचस्पी ले रहे थे; उसका कारण, कविता की बजाय युग की दिलचस्पियों में खोजना अधिक सटीक है। फिर भी इस युग के कवियों

ने समय को स्थूल ढंग से जिंदा रखा। भाषा के विकास की इस अनिवार्य दु:खद प्रक्रिया के हाथों अपनी बलि चढ़ाकर, आगामी कविता का मार्ग प्रशस्त करने में, इन कवियों की ऐतिहासिक भूमिका को महत्व न देना कृतघ्नता होगी। अगर उस युग के कवि और आलोचक भाषा की टार रोड न बनाते तो आज लोग उस पर अपनी रॉल्स रॉयस कैसे दौड़ा लेते? बहरहाल।

भाषा के अनुशासन से उत्पन्न गतिरोध को द्विवेदी युग की कविता ने भुगता, लेकिन उसकी ऊर्जा मिली छायावाद को। यहां से सही माने में कविता का आभ्यन्तर युग आरम्भ होता है। सब प्रकार की स्थूलता यहां अंत: संचलित शक्ति में बदल जाती है।

छायावाद :

क्या कविता की चेतना और युग की चेतना में कोई अदृश्य सम्बंध होता है? या कोई युग-चेतना ही ऐसी होती है जो मन से लेकर शब्द तक में एकसार संचरित होती है? इसका बेहतर जवाब छायावाद युग में मिलता है। यह वह समय था जबकि वैज्ञानिक पेड़-पौधों में प्राण की तलाश कर रहे थे; राजनेता किसी आन्तरिक आध्यात्मिकता के जरिए स्वतंत्रता की प्रत्यक्ष चेतना जगा रहे थे; अध्यात्म-पुरुष दर्शन में व्यावहारिक संघर्ष और आत्मबल-खोज रहे थे; समाज-सुधारक मन की शुद्धि से काया-कल्प की राह दिखा रहे थे; आर्थिक विचारक, पूंजीपति की तिजोरी में ही पूंजी की विस्थापन (ट्रस्टीशिप) का विचार दे रहे थे। इन सारे प्रयासों में ऊपर से सब कुछ यथावत् रहने पर भी अन्तर्अर्थ का संक्रमण हो रहा था। क्या यही सब छायावादी कविता में घटित नहीं हुआ? पेड़-पोदों में मानवीय अनुभूति का साक्षात्कार, भाषा के भीतर किसी विलक्षण, गोपन अर्थ का का संधान; शरीर के भीतर मन की खोज; वस्तु, भाव, विचार और समय के निगूढ़ अतलांतों की यात्रा का अटूट सिलसिला वगैरह। फिर भी धुरंधर लोग इस कविता को अपने समय की अभिव्यक्ति नहीं मानते और किसी सौ साल पुरानी पश्चिमी कविता में इसके बीज खोजते हैं!

छायावाद से अभिप्राय उस रचना-प्रवृत्ति से है जो द्विवेदी युग की इतिवृत्तात्मकता के विरुद्ध उत्पन्न हुई मानी जाती है। परंतु वास्तव में वह उस 'नव शास्त्रीय युग' (या जागरण-सुधार काल) का स्वाभाविक विकास है। दुनिया भर में नव शास्त्रीय युग के बाद स्वच्छंदता का युग आया है, जिसमें शास्त्र-युग के गंभीर पोषक-तत्त्वों की शक्ति से उत्पन्न अनुभूति और अभिव्यक्ति का आत्मविश्वास भरा होता है। द्विवेदी-युग यदि भाषा को व्यवस्थित और परिष्कृत न करता, तो उसमें व्यंजना की सामर्थ्य पैदा न होती, पारम्परिक मूल्यों और समकालीन आदर्शों से समन्वित दृष्टि विकसित न होती, छन्द का पूरा सधाव अनुपस्थित होता, विषय-वैविध्य के द्वार न खुलते तो छायावाद इतनी सहजता और त्वरित गति से नहीं आ सकता था। हर नयायुग पूर्व-युग के प्रति असंतोष और अभाव की नई अनुभूति को जन्म तो देता ही है, परंतु उसके निर्माण में पिछला युग कहीं न कहीं पृष्ठभूमि का काम भी करता है। दूसरी बात यह है कि प्रतिक्रिया किसी श्रेष्ठ काव्य को जन्म नहीं दे सकती। वह समकालीन अनुभूति और आकांक्षा की अनिवार्यता से भो उत्पन्न होता है। छायावाद के नवोन्मेष में इन दोनों बातों को नहीं भुलाया जा सकता।

हमारे सोचने का ढंग भी अजब है। कविता में समय की धड़कनों को जांचने की अपेक्षा हम ऊपर से टटोलकर या तो उसके शिल्प-परिवर्तन की दाद दे देते हैं, या बहुत गहरे उतरते हैं तो रहस्यवाद के ठिकाने पर पहुंच जाते हैं। प्रश्न यह है कि शिल्प की क्रांति क्या प्रकारान्तर से कविता की अन्तर्क्रान्ति ही नहीं है? समुद्र की सतह पर जो तूफान दिखाई पड़ता है—क्या वह सतह से पैदा हुआ है? क्या प्रसाद में रहस्यवाद की तलाश का अर्थ कबीर में रहस्यवाद की तलाश के स्तर का है?

राग की संवर्द्धना और परिशुद्धि हैं निःसंदेह छायावाद रागभूमि पर अवस्थित है, लेकिन यहां रीति-युग की विलास-क्रीड़ा और काम-शास्त्र का ब्यौरा नहीं है उसमें है—प्रेम की निश्छल पवित्रता और सौन्दर्य की

अनाविल छवि–'चंचला स्नान कर आवे, चन्द्रिका पर्व में जैसे'। सुन्दरता की यह पावन अनुभूति क्या जीवन की अन्य दिशाओं में प्रतिकृत नहीं होती? क्या यह मनुष्य को काम और विलास की तरह जकड़ती है? रोमांस, विलास, विषाद, पलायन जैसी तकनीकी शब्दों में छायावादी कविता को बांधना कविता की तुलना में शब्दकोश को तरजीह देना है। अनुभूति की गहराई में प्रवेश कर सके उसके संकेत और प्रेरणा की उपेक्षा के कारण ही शायद महादेवी को कुछ लोगों ने, सीमित दु:खवाद का फतवा देकर छायावाद के केन्द्रीय कवियों से निष्कासित कर दिया! उनके दु:ख में छिपे अदृश्य विद्रोह की ओर कितने लोग ध्यान दे पाते हैं? यह है महादेवी :

आग हूं जिससे ढुलकते
बिन्दु हिम-जल के।

अजब है कि लोगों को हिम-जल तो दिखाई पड़ता है, वह आग नहीं, जिससे ये ढुलके हैं! क्या उन्होंने महादेवी की पीड़ा में विषण्ण नारी की चिरंतन-यातना देखी है? अगर देखी होती तो उन्हें पता चलता कि यह दु:ख निगूढ़ विद्रोह की एक भंगिमा है।

छायावादी कविता एक नाव है, जो अपनी वर्तुल गहराई में अर्थ को झेलती भी है और गति भी देती है। लोग सपाट लौह-पत्र की समझ से उस पर आरोहण करते हैं और फिर समय के पार न उतार पाने पर अफसोस मानते हैं। ब्यौरों की अपेक्षा प्रभाव, घटनाओं के अन्तर्जगत से संलग्नता, विश्वानुभव और विश्व-चेतना, सांस्कृतिक-चैतन्य और समीक्षा, राष्ट्रीय-जागरण और यथार्थ दृष्टि; राग की परिशुद्धि और विद्रोह छायावाद की ऐसी उपलब्धियां हैं जो उसे अपने समय के अन्त:सार से कई स्तरों पर जोड़ती हैं।

छायावाद के लक्षणों में वैयक्तिकता, अन्तर्मुखता, परिष्कृत सौन्दर्य-चेतना, कलात्मक अभिव्यंजना आदि गिनाई जाती है। परंतु तथ्य यह है कि अंतदर्शन की प्रबल चेतना छायावाद की अनुभूति और अभिव्यक्ति का केन्द्र है। बाहर की अपेक्षा भीतर देखने की यह वृत्ति,

मनुष्य-देह के भीतर निहित सौन्दर्य और अनुभूति को, प्रकृति के रूपाकार में निहित जीवन-सत्ता को, बाहरी विषयों के भीतर निहित अंतस्तत्व को देखती है—यही दर्शन उसे ऐसी शैली आविष्कृत करने की प्रेरणा देता है जिसमें आंतरिकता महीन और व्यंजक ढंग से प्रकट हो सके, यही दृष्टि वैयक्तिकता, प्रेम, सौन्दर्य, प्रकृति के मानवीकरण, भावों की जीवंत सत्ता आदि की प्रेरणा है। अंतर्सत्य और अंतर्वस्तु की खोज छायावाद का मूल संकल्प है जो न केवल काव्य में बल्कि गद्य रचनाओं में भी दिखाई देता है। आरम्भ में लोगों ने इसे शिल्प का आन्दोलन कहा था, परंतु यह एक सम्पूर्ण जीवन-दृष्टि है इसीलिए गद्य-पद्य सबमें व्यक्त हुई है। हर प्रकार के विषय और वस्तु को देखने की उसकी यही प्रणाली रही है।

काव्य :

यह इस युग का सबसे नवीन और वेंगवान काव्य-प्रवाह था, जिसमें निहित स्वानुभूति की तीव्रता और शिल्प की ताजगी से तत्कालीन पाठक-मन को विस्मित और आन्दोलित कर दिया था। सूक्ष्म अनुभूतियां, शब्दों की नई भंगिमा, शिल्प की लाक्षणिक वक्रता, ध्वन्यात्मकता, सौन्दर्यमय प्रतीक-विधान आदि में पर्याप्त नवीनता थी। कुल मिलाकर छायावादी काव्य में निम्नांकित विशेषताएं थीं : 1. आत्मानुभूति की अभिव्यक्ति 2. कल्पना की अतिशयता 3. सौंदर्य के प्रति अत्यधिक आकर्षण 4. सर्वचेतनावाद 5. सामाजिक, धार्मिक, राजनीतिक और साहित्यिक बंधनों और रूढ़ियों से विद्रोह और 6. उन्मुक्त प्रेम-प्रवृत्ति (जिसमें लौकिकता और रहस्यवाद दोनों थे)।

इस काव्य में भारतीय-दर्शन और आध्यात्मिक-चिंतन की विविध परम्पराओं की अभिव्यक्ति हुई। आधुनिक भारतीय सांस्कृतिक नवजागरण के विविध पक्षों का समावेश हुआ और राष्ट्रीयभावना तथा विदेशी शासन के विरुद्ध-चेतना की अभिव्यक्ति हुई।

छायावाद : एक प्रवृत्ति भी और युग-संज्ञा भी :

कविता को केन्द्र में रखकर काल-विभाजन की परिपाटी के

कारण इस सम्पन्न विविधता से भरे युग का नामकरण काव्य में प्रकट नई प्रवृत्ति के आधार पर कर दिया गया। अक्सर इस युग की चर्चा करते हुए इसके अन्तर्गत छायावादी कवि गिना दिए जाते हैं; जबकि इसी काल खंड में अन्य अनेक रचना-प्रवृत्तियां अत्यंत महत्वपूर्ण हैं।

उपन्यास और कहानी दोनों क्षेत्रों में इस काल को निर्विवाद रूप से 'प्रेमचन्द युग' कहा गया। प्रेमचन्द उक्त धारा के प्रवर्तक ही नहीं; सर्वश्रेष्ठ लेखक भी हैं। इतना ही नहीं, हिन्दी कथा-साहित्य में प्रेमचन्द का स्थान सर्वोपरि है। प्रेमचन्द ने छायावादी युग में कथा-क्षेत्र में यथार्थवादी सामाजिक चेतना को प्रतिष्ठित किया। उसे मनोरंजन के स्तर पर उठाकर जीवन के साथ सार्थक रूप से जोड़ने की कोशिश की। चारोंओर फैले जीवन की अनेक सामाजिक समस्या जैसे–पराधीनता, जमीदारों, पूंजीपतियों और सरकारी कर्मचारियों के शोषण की तस्वीर खींची और निर्धन, अशिक्षित, अंधविश्वास से घिरी जनता की विवशता चित्रित कर उसे इससे मुक्त होने की प्रेरणा दी। समाज में नारी की दुर्दशा, साम्प्रदायिकता, अस्पृश्यता, मध्यमवर्ग की कुंठा से जनता को उबरने की प्रेरणा दी। महात्मा गांधी की मानवतावादी दृष्टि का भी उन पर प्रभाव पड़ा। प्रेमचन्द ने जीवन के सच्चे साक्षात्कार और अभिव्यक्ति की परिवर्तनशील ऊर्जा और क्षमता द्वारा विविध सामाजिक समस्याओं का मार्मिक चित्रण किया और हिन्दी कथा-साहित्य को नई दिशा दी। इसी युग में जयशंकर प्रसाद ने अपनी कलात्मक और अन्तर्जगत को अभिव्यक्त करने वाली मार्मिक कहानियां और उपन्यास लिखे।

प्रेमचन्द की कथा-परम्परा और छायावादी युग-भूमि में भगवतीचरण वर्मा, विश्वम्भरनाथ शर्मा कौशिक, चतुरसेन शास्त्री, प्रतापनारायण श्रीवास्तव, सुभद्रा कुमारी चौहान, वृंदावनलाल वर्मा, निराला, उग्र और राहुल सांकृत्यायन ने महत्वपूर्ण रचनाओं द्वारा कथा साहित्य को समृद्ध किया। कहानी के क्षेत्र में विश्वम्भरनाथ शर्मा कौशिक और सुदर्शन विशेष उल्लेखनीय हैं।

इस युग में अन्य कथा-प्रवृत्तियां भी प्रकट हुई। प्रसाद की धारा में

अनुभूति और शिल्प प्रधान कहानियां चुरसेन शास्त्री, रायकृष्ण दास और विनोदशंकर व्यास लिखने वालों में नाम उल्लेखनीय हैं।

इसी काल में जैनेन्द्र ने 'सुनीता' और 'त्यागपत्र' के माध्यम से हिन्दी कथा-साहित्य को प्रेमचंद से अलग नई दिशा दी। सामाजिक व्यक्ति के मनोविज्ञान, पारिवारिक उत्पीड़न और सीमित संबंधों को गहराई से जांचने की एक तटस्थ शैली आविष्कृत कर जैनेन्द्र ने नई धारा का प्रारम्भ किया। कहानी के क्षेत्र में भी 'घटना' के स्थान पर 'चरित्र' और 'मनोवैज्ञानिकसत्य' को स्थापित किया। उग्र ने कहानियों और उपन्यासों में नग्न यथार्थ को व्यंग्यात्मक शैली में प्रस्तुत किया। जैनेन्द्र की परम्परा में अज्ञेय भी हैं जो उसी युग में कथा-क्षेत्र में आ गए थे। परंतु जैनेन्द्र की तुलना में अज्ञेय के पात्र बहिर्मुख हैं और आसपास के परिवेश से लड़ने का हौसला रखते हैं। मनःग्रंथियों, द्वंद्वों-अन्तर्द्वंद्वों का सूक्ष्म विश्लेषण उनकी विशेषता है।

कुल मिलाकर छायावाद काल में हिन्दी कथा-साहित्य अपने स्वाभाविक रूप में प्रतिष्ठित हो चुका था और उसमें से विचार तथा शिल्प की अनेक शाखाएं फूटने लगी थीं। प्रेमचन्द ने पहली बार कहानी और उपन्यास को वास्तविक सामाजिक और साहित्यिक स्तर प्रदान किया और प्रसाद ने कलात्मक, जैनेन्द्र ने उसमें आधुनिकता की नई संभावनाएं जगाई।

छायावादी युग में आलोचना का नवोन्मेष भी हुआ। दूसरे शब्दों में द्विवेदीयुगीन आलोचना को सम्यक उत्कर्ष पर पहुंचाने का श्रेय छायावाद-युग के आलोचकों, विशेषकर आचार्य रामचन्द्र शुक्ल को है। उन्होंने सैद्धान्तिक और व्यावहारिक दोनों प्रकार की आलोचना में अत्यंत महत्व का, मौलिक काम किया। आचार्य शुक्ल के अत्यंत महत्वपूर्ण अवदान और युग पर उनके व्यापक प्रभाव के कारण इस युग को आलोचना की दृष्टि से निर्विवाद रूप से 'शुक्ल युग' कहा जाता है।

लगता है इस युग तक आते-आते आलोचना, साहित्य की अनिवार्यता

बन गई थी। विश्वविद्यालयों में हिन्दी साहित्य का अध्ययन-अध्यापन प्रारम्भ हो चुका था, अनेक ऐसी नई विधाएं जैसे कहानी-उपन्यास आदि लिखे जाने लगे थे जिन्हें केवल भारतीय आलोचना के माध्यम से नहीं समझा जा सकता था। छायावाद पर भी लोग पश्चिमी स्वच्छंदतावाद का प्रभाव देख रहे थे। सभी विधाओं में ऐसे नए तत्त्व आने लगे थे जिन्हें पारम्परिक दृष्टि से नहीं समझा जा सकता था। इसीलिए विदेशी साहित्यलोचन का अध्ययन भी प्रारम्भ हो गया था। लेकिन इसके साथ ही इस युग की आलोचना के सामने नई विधाओं के मूल्यांकन की समस्या के साथ ही पारम्परिक भारतीय आलोचना की नए सिरे से पड़ताल करने की समस्या भी रही होगी। दोनों के समन्वय में हिन्दी की अपनी प्रवृत्ति का ध्यान रखते हुए हिन्दी की अपनी आलोचना विकसित करने की भी चिंता उस समय की एक बड़ी चिंता रही होगी। संभवतः इसीलिए इस युग में आलोचना के सैद्धान्तिक और व्यावहारिक पक्ष पर व्यापक काम हुआ।

सैद्धान्तिक आलोचना के अन्तर्गत एकओर पारम्परिक भारतीय सिद्धांत या संस्कृत काव्यशास्त्र का परिचय देने के लिए सैद्धान्तिक ग्रंथों की रचना की गई। दूसरी ओर पाश्चात्य काव्यशास्त्र की दृष्टि से सिद्धांत-परिचय और विवेचन के लिए ग्रंथ लिखे गए।

इस युग में समकालीन राष्ट्रीय आंदोलन के समानांतर जारी एक मुखर और अन्य प्रकार का साहित्य नए सामाजिक यथार्थ की स्थापना कर रहा था। आचार्य-शुक्ल जैसे दिग्गज आलोचक की सक्रिय उपस्थिति में आलोचना पुराने मानदंडों को तोड़ती हुई नए आलोचना युग में प्रवेश कर चुकी थी; यहां तक कि वह प्रतिष्ठित हो चुकी थी। उसकी मूल्यपरक आलोचना-दृष्टि रचनाओं की विवेक संगत समन्वय-भूमि थी। ऐसी स्थिति में 'छायावाद' शब्द इस विराट् रचना युग के लिए ओछा जान पड़ता है। परंतु क्योंकि उस काल के लिए वह स्वीकृत और रूढ़ हो चुका है इसलिए इसे यथावत् रखते हुए एक स्तर पर हम उसका युगबोध मूलक अर्थ ले सकते हैं और दूसरी ओर उस युग

में सक्रिय समस्त रचना-प्रवृत्तियों का मूल्यांकन कर सकते हैं। जिन्हें छायावादी नव-चेतना, सामाजिक यथार्थ-चेतना और राष्ट्रीय सांस्कृतिक-धारा में वर्गीकृत किया जा सकता है।

यात्रावृत्तांत, रेखाचित्र, गद्य-काव्य, पत्र-साहित्य आदि की दिशा में भी व्यापक लेखन-कार्य हुआ। ज्ञान के क्षेत्र में इतिहास, राजनीति, भूगोल, अर्थशास्त्र, दर्शन, शिक्षा, विज्ञान, कोश-ग्रंथ, भाषा, लिपि, व्याकरण आदि से संबंधित ग्रंथ लिखे गए। अनेक पत्र-पत्रिकाएं प्रकाशित हुईं। इस तरह गद्य और पद्य दोनों क्षेत्रों में छायावाद युग अत्यंत समृद्ध और महत्व का युग सिद्ध हुआ।

छायावादोत्तर युग–

पृष्ठभूमि और परिवर्तन :

चौथे दशक के प्रारम्भ से ही छायावादी प्रवृत्तियां अपनी अंतिम परिणति में ह्रासोन्मुख होने लगी थी; प्रेम और प्रेम-रोदन की बाढ़ आ गई थी; लगभग एक जैसे शब्दों, बिम्बों और अनुभूतियों की आवृत्ति होने लगी थी, जिसमें मौलिकता और विद्रोह का कहीं पता नहीं था। सांस्कृतिक ऊर्जा और युगबोध की अंतश्चेतना शिथिल होने लगी थी। पंत के शब्दों में छायावाद अब अलंकृत संगीत भर रह गया था।

इसी ह्रासोन्मुख दौर में नए गीतकारों का एक ऐसा वर्ग जन्मा जिसकी भावोद्रेकपूर्ण, अर्थहीन, मांसल, अभिव्यक्तियां युगबोध के अनुकूल नहीं थीं। जो युग प्रेम का अर्थ निरी मांसलता लेता है, उसमें रीति-कविता को वेश बदल कर आने में बड़ी सुविधा होती है। छायावाद के उत्तरयुग में पनपी अधोगामी प्रवृत्तियों ने रोमांसिक काव्य-युग को बुलावा दिया। इन कवियों ने राग-बोध को शरीरीकृत करने में अपने को खपा दिया। असल में ये कवि रोमांसिक कोमा के शिकार थे। इन्होंने छायावाद का उत्तर-कर्म तो किया लेकिन उत्तराधिकारी नहीं हो सके। क्योंकि परवर्ती युग में जन्मी हर काव्य-धारा पूर्व युग की उत्तराधिकारिणी नहीं होती। इस सिलसिले में हम उससे दो प्रश्न करते हैं : पहला कि क्या वह उसके

गतिशील तत्त्वों का वहन करती है? और दूसरा कि क्या वह उसके सार्थक विरोध से किसी अग्रगामी या प्रासंगिक जीवन-बोध को जन्म देती है? क्योंकि सृजन के क्षेत्र में विगत का ध्वंस करते हुए नई सार्थकता भी रचना का उत्तराधिकार है। रोमांच युग की कविता नए साक्षात्कार से बचती रही। उधर भारतीय बुद्धिजीवियों और रचनाकारों पर मार्क्सवाद और रूस की सफल साम्यवादी क्रांति का प्रभाव भी बढ़ रहा था। इन तमाम कारणों ने चौथे दशक के उत्तर भाग में तत्कालीन रचना-मानस को उत्तरदायी सामाजिक चेतना की ओर उन्मुख किया। छायावादकाल में ही प्रेमचन्द, निराला आदि में यह चेतना अत्यंत सजग थी, परंतु 1936 में 'प्रगतिशील लेखक संघ' की स्थापना के बाद इसने एक उद्देश्यपूर्ण विचारधारा का रूप धारण कर लिया।

प्रगतिवाद :

समकालीन राजनीतिक और सामाजिक हलचलों से उत्तेजित राष्ट्रीय काव्य का अगला चरण प्रगतिवाद काव्य है। छायावादयुग की समाप्ति के आसपास 1936 में 'प्रगतिशील लेखक संघ' की स्थापना के साथ इस कविता का युग प्रारम्भ होता हैं राजनीति में जिसे साम्यवाद कहा जाता है, उसी को साहित्य में प्रगतिवाद कहा गया, जिसका वैचारिक आधार मार्क्सवाद था। इसी के आलोक में लिखे प्रगतिवादी काव्य में रूमानियत, सौंदर्य और वायवीय कल्पना की जगह यथार्थ जीवन की प्रतिष्ठा की गई। राष्ट्रीय और अंतर्राष्ट्रीय स्थितियां भी इसमें सहायक हुई। लेकिन इसका तत्कालीन रचनाफलक बहुत कुछ आयातित था। एक होती हुई दुनिया में आदान-प्रदान का सिलसिला किसी हद तक कविता के क्षितिज को विस्तृत करता है। लेकिन पग-पग पर संग्रह और त्याग के विवेक की जो अपेक्षा हम अपनी ही परम्परा और सामयिकता से करते हैं, वही आयातित विचारों से न करें तो यह ईमानदारी नहीं है। राजनीति सहित किसी भी हलचल, विचार या दृष्टि का समावेश कविता के क्षेत्र में वर्जित

नहीं है, परंतु इनके प्रवेश का औचित्य भी प्रश्न से परे नहीं है। मसलन राजनीति को कविता में उतना ही घुसने देना चाहिए कि कविता की स्वायत्तता नष्ट न हो–यानी कविता की शर्त पर राजनीति से समझौता होना चाहिए अगर यह समझौता राजनीति की शर्तों पर होता है तो वह कविता का घात करता हैं शायद इसीलिए शुरू के दौर में प्रगतिवादी कविता में जोश तो था, पर वह आवश्यक विवेक पैदा नहीं हुआ जिसके जरिए वह मनुष्य की अन्तर्रचना में हिस्सा लेती। इसमें कोई शक नहीं है कि मार्क्सवाद 'विश्व-दृष्टि' है और 'मत्स्य न्याय' हमारे लिए भी अपरिचित ऐतिहासिक तथ्य नहीं है। इस दुश्चक्र को दुनिया से खत्म कर देने के अलावा मनुष्य के कल्याण का कोई प्रत्यक्ष विकल्प नहीं है। फिर भी हर देश में शोषण की एक जैसी प्रक्रिया, स्तर और सोपान नहीं होते।

यह ठीक है कि क्रांति का इतिहास–चरण अग्रगामी तभी हो सकता है जबकि हम अपने शोषण के वास्तविक रहस्य को समझ कर उससे निपटने की स्वाधीन प्रक्रिया खोजें और लगातार विचार सहित आत्मालोचन से गुजरते रहें। न अपने को जड़ होने दें न किसी प्रक्रिया और विचार को। प्रगतिवादी युग में भारत साम्राज्यवादी शोषण के दौर से गुजर रहा था और कवि पूंजीवाद के पीछे पड़ा था। हमारे यहां सामाजिक शोषण की धुरी जातिवाद था और कवि अर्थ की धुरी पर शोषण की हलचलों को नाप रहा था। यद्यपि यह दृष्टि काल्पनिक नहीं थी, फिर भी इकहरी थी और भारतीय समाज की जटिल रचना को समझने में अपर्याप्त थी। सबसे दुर्भाग्य की बात यह थी कि बहुत-सी कविताएं पार्टी-लाइन और आदेश पर लिखी जा रही थीं। इसलिए उनमें अनुभव की गहराई कम और वाग्मिता का आवेश अधिक था। राजनीतिक कार्यकर्ता की प्रतिबद्धता राजनीति से हो सकती है, लेकिन कवि की एकमात्र प्रतिबद्धता मनुष्य से होती हैं इसमें अन्तर न कर पाने के कारण आगे चलकर कवियों को जब राजनीति से वितृष्णा हुई तो वे प्रगतिशीलता से भी कट गए। तारसप्तक के जिन दो कवियों (नेमिचन्द्र जैन और भारत भूषण अग्रवाल) ने

मार्क्सवादी होने की खुलेआम घोषणा की थी, वे ही सबसे पहले राजनीति को कोसते हुए अलग जा खड़े हुए और कविता का एकान्त खोजने लगे। अव्वल तो राजनीति से जुड़कर प्रगतिवादी होना ही गलत था, फिर राजनीति से कटकर प्रगतिशीलता से कटना तो और भी गलत था। आप शोषित मनुष्य के पक्षधर हैं या राजनीति के? क्या राजनीति से अलग होकर कोई कवि मनुष्य की पीड़ाओं से भी अलग हो जाया करता है? कवि की राजनीति मनुष्य की गत्यात्मक यथार्थ समस्याओं और जटिल अंतर्संबंधों से तय होती है या सतही गठजोड़ से? मुक्तिबोध ने जिस राजनीति को तय करने की बात कही थी वह वास्तव में इन्हीं समस्याओं और जटिल संबंधों से निर्धारित थी। सही माने में रचनाकार की सीधी और साक्षात संलग्नता में ही प्रगतिशीलता जिन्दा रह सकती है–जिस तरह बाहरी राजनीति से न जुड़ने के बावजूद निराला और प्रेमचन्द में जिंदा थी। कवि की दृष्टि यदि साफ और सम्पृक्ति सच्ची हो तो वह विचार, ज्ञान, दृष्टि और परिवेश से टक्कर लेते हुए सत्य का अन्वेषण कर सकती है।

निस्संदेह प्रगतिवाद एक सुचिंतित दर्शन था, जो प्रथमतः बुद्धिजीवियों द्वारा मार्क्सवादी चिंतन के रूप में उपलब्ध किया गया था। परंतु इसका लक्ष्य शोषित पीड़ित जनता को जागृत कर वर्ग-संघर्ष की स्थितियां निर्मित करना था। साहित्य इसके भीतर निहित संवेदन और ज्वाला से प्रेरित हुआ था; जनता को समझ में आने वाली भाषा और बात कहने की उसकी कोशिश भी संवेदना से प्रेरित थी और उसका लक्ष्य 'कविता का एकांत' न होकर जनता को सामूहिक संघर्ष के लिए जगाना और ललकारना था। परंतु अनेक कवियों ने संवेदनात्मक आधार छोड़कर बौद्धिक और सैद्धान्तिक आधार ग्रहण कर लिया, जीवन के लिए साहित्य की अवधारणा के भीतर से साहित्य की अपील करने वाली शक्तियों की आवाज भुला दी गई और लोग जुलूस की शक्ल में कविता में उतर आए। परिणामस्वरूप उसमें छिछलापन आ गया; प्रचारात्मकता और बहिर्मुखता की बाढ़ आ गई।

यथार्थ की सीमित अवधारणा के भीतर बंधी बंधाई परिपाटी में कविता का एक सांचा बन गया और घूम-घूम कर एक जैसी अभिव्यक्तियां सामने आने लगी—यानी उसकी सर्जनात्मक अग्रगामिता पर प्रश्नचिन्ह लग गया। दूसरी ओर प्रगतिवादी कविता राजनीति के प्रतिबद्ध थी, इसलिए राष्ट्रीय स्वाधीनता के उस तीव्र संवेदनशील युग में राजनीतिक स्तर पर जब साम्यवादी दलों को धक्का लगा तो उसका प्रभाव कविता पर भी पड़ा। जो 'प्रगतिवाद' वर्ग-वैषम्य को उजागर कर, मर्नुष्य को महाजनी सभ्यता और साम्राज्यवादी शोषण के विरुद्ध जगाना चाहता था, वह प्रतिभा और सच्ची संवेदना के बिना केवल सिद्धांतों के आधार पर की गई खोखली पुनरावृत्तियां दलीय नारों में बदल गया; व्यक्तित्वहीनता से साहित्य आक्रांत हो गया और प्रबुद्ध सर्जक-मन में असंतोष उभरा।

प्रयोगवादी / नई कविता :

राष्ट्रीय और अन्तर्राष्ट्रीय स्तर पर अनेक परिवर्तन हो रहे थे। विज्ञान और यांत्रिकता का दबाव बढ़ रहा था। पुरानी मान्यताओं में बदलाव आ रहा था। मनुष्य की भावप्रणाली, मानवीय संबंध और भाव-बोध में अंतर आ गया था। इसे किसी बंधी बंधाई विचार-प्रणाली, भाषा और अनुभूति में व्यक्त कर पाना संभव नहीं था। समय जटिल से जटिलतर होता जा रहा था। तत्कालीन रचना-मानस ने इन बदलावों को महसूस किया। वह अपने समय को सम्पूर्णता में व्यक्त करना चाहता था। यथार्थ की अभिव्यक्ति का संकल्प उसका भी था, मगर यह यथार्थ पहलदार था; निश्चित और निर्भ्रान्त नहीं। नए कवि ने अनुभव किया कि छायावादी शब्दजाल, प्रगतिवादी व्यक्तित्व-हीनता तथा उत्तर छायावादियों के रोमेंटिक भाव-बोध से मुक्त होकर ही (रघुवंश) वह अपना नया मार्ग खोज सकता है, ताकि रचनाकार की अनुभूति और उसका बोध (वर्तमान परिवेश में) बदले हुए मनुष्य के भीतर अपनी पूरी अर्थवत्ता से सम्प्रेषित हो। 'स्वाधीनता का वरण' आधुनिकता की दिशा में नई प्रयोगवादी कविता का सशक्त अग्रगामी

चरण था। कविता ने दर्शन, धर्म, संस्कृति, राजनीति और हर तरह के प्रत्ययवाद में बंधने से इंकार कर दिया। अपने चिरन्तन सहचर प्रेम के प्रति भी उसका रवैया बहुत कुछ तटस्थ था। छन्द और भाषा से एक भिन्न स्तर का सुलूक करते हुए कविता ने स्फीति और बद्धता की जगह संयम और गत्यात्मकता को महत्व दिया। उसने न केवल स्वीकृति और निषेध को ही अपना बंधन न बनने दिया बल्कि लोकेषणा के प्रति भी कोई खास ललक न दिखाई। एक अर्थ में कविता ने अपने स्तर पर पाठक को लाकर खड़ा करने के इरादे को, पाठक के लिए नीचे उतरने की इच्छा के विरुद्ध प्रतिस्थापित किया। स्वतंत्रता की ऊर्जा और प्रयोगों की स्वाधीनता का यह मार्ग निश्चय ही दूभर था और अपरिचय के कंटीले रास्ते से होकर जाता था। क्योंकि काव्यास्वाद और काव्य-चेतना का बदलाव तो पाठक के भीतर भी घटित हो रहा था, लेकिन नई अभिव्यक्ति उसके लिए अटपटी थी। खुद कवियों की हालत भी यही थी कि वे अनुभूति, चेतना और समय को अभिव्यंजना का सार्थक रूप देने के लिए खोज के रास्ते पर भटक रहे थे। यह उन्हें ही करना था क्योंकि अभिव्यक्ति के सारे साधन कवि के पास ही होते हैं।

यद्यपि सीमित यथार्थ और बहिर्मुख दोहराव कवि को रास नहीं आया। परंतु छायावाद की वायवीय कल्पना और रोमानी दुनिया में भी वह लौट जाना नहीं चाहता था। विज्ञान और औद्योगिकता के बढ़ते प्रभाव; पाश्चात्य जीवन-प्रणाली और विचारों के प्रवेश; साहित्य के क्षेत्र में स्थूल बंधी अभिव्यक्ति, सीमित विषय, सीमित भाषा बासी हो गई। शिल्प और स्वाद के विरुद्ध तीव्र प्रतिक्रिया हुई और ऐसा मार्ग खोजा जाने लगा जिससे वर्तमान युग की उलझी समस्याएं और जटिल मानवीय संबंध, बदलते हुए मनुष्य के भीतर अपनी पूरी अर्थवत्ता में सम्प्रेषित हो सकें। (यह हो सका या नहीं, यह अलग बात है, परंतु नए कवि की यही प्रतिज्ञा थी)। इन माध्यमों से प्रयोगशील कवि को चिढ़ थी जो अनुभूति को अपने आकार में ढालना चाहते हैं, जबकि कवि, माध्यम को अनुभूति के स्वरूप में बदलना चाहता था। सम्प्रेषणीयता खो

चुके माध्यम को छोड़कर या उन्हें नए ढंग से ढाल कर वह अपनी अभिव्यक्ति को नवीनता देना चाहता था। यथार्थ को बौद्धिक और वैज्ञानिक स्वरूप देने के लिए उसे व्यापक और जटिल यात्राएं करनी थीं। कुल मिलाकर यह कवि कुछ नया, अपूर्व अन्वेषित करने को व्याकुल था।

कविता से हिन्दी समीक्षा के संबंध कैसे अजीब हैं कि हर तरह की मुक्ति के लिए संघर्षशील इस कविता को भी वाद के रूप में परिभाषित किए बिना उसका काम न चला! बेचारे कवि गुहारते रह गए कि प्रयोग का कोई वाद नहीं होता, मगर सुनता कौन है? बहरहाल। इस पर आगे और बात करेंगे।

'तार सप्तक' में कवियों ने जब अपने को प्रयोगशील कहा तो इस युग को 'प्रयोगवादी' कहना लोगों के लिए एक सरल समीकरण हो गया। तमाम वादों, दर्शनों, सिद्धांतों की जकड़न से छूट कर स्वतंत्र अन्वेषण के लिए उत्कट धारा को आखिर 'वाद' में बांध ही दिया गया। खैर, 'प्रयोगवाद' का विधिवत् प्रारम्भ 1943 में अज्ञेय द्वारा सम्पादित 'तार सप्तक' से माना गया। इसमें शामिल कवियों और कुछ इसी तरह के अन्य समकालीन कवियों को 'प्रयोगवादी' कहा गया। लेकिन उन कवियों को भुला दिया गया जिन्होंने अपने को असली प्रयोगवादी कहा था। 'नकेन' नामक संग्रह के तीन कवियों ने जो ऊल जलूल अभिव्यक्तियां कीं वे प्रयोगवाद की आलोचना के मूल में रहीं; यहां तक कि प्रयोगवाद को कुछ लोगों ने 'प्रयोगशाला' तक कह डाला।

खैर, तार सप्तक में गिरिजाकुमार माथुर और भारतभूषण अग्रवाल एक साथ क्यों हैं, या अज्ञेय और प्रभाकर माचवे किस स्तर पर साथ रखने लायक कवि हैं? जैसे प्रश्नों का अगर कोई प्रासंगिक उत्तर है तो यही कि 'स्वाधीन वरण' उनके साथ होने का आधार है, जिसका अर्थ निजी काव्य-मार्ग की खोज के साथ दूसरे की विशिष्टता का सम्मान करने की उदारता भी है। विचार, स्वभाव, रुचि, शिल्प, अनुभूति, आदि

की भिन्नता के बावजूद एकजुट होने का खुलापन हमें पहली बार पाठ्य-पुस्तक से इतर किसी संग्रह में शायद इसीलिए देखने को मिला–बावजूद इसके कि सभी कवियों में आधुनिकता के तेवर बहुत साफ न थे, कुछ तो छायावाद के अवशेष जैसे थे और कुछ पश्चिम की हवा से भटके हुए से; लेकिन सप्तक और बाहर के कवियों के संघर्ष को इस बहाने नजरअंदाज नहीं किया जा सकता।

भावक्षेत्र में नई खोज, मूल्यों की अराजक स्वीकृति, वस्तुपरक दृष्टि का आग्रह; अवचेतन की जटिलता के लिए बिम्ब मार्ग का अनुसरण, शिल्पगत नए प्रयोग, स्थानीय शब्दों का प्रयोग, प्रचलित शब्दों की विचित्र वैयक्तिक अर्थ-गर्भितता; असाधारण अप्रस्तुतों की योजना; विराम संकेतों, टाइपों (जो प्राय: नकेन के लिए थे) के प्रयोग, मुक्त छंद की नई शैली, क्षण वाद, मनोविश्लेषण का आश्रय, कुंठा, अनास्था आदि की अपने-अपने ढंग से आलोचना की गई, जिसमें से अधिकांश प्रवृत्तियों को नकारात्मक ढंग से लिया गया और किसी हद तक उस धारा की भर्त्सना की गई।

परंतु 1951 में 'दूसरा सप्तक' प्रकाशित होने के बाद और कुछ नई पत्रिकाएं 'प्रतीक', 'कृति', 'नई कविता' आदि के प्रारंभ के साथ एक नई काव्यधारा के रूप में 'नई कविता' को मान्यता दी गई।

प्रयोगवाद और नई कविता दो नहीं :

1953 से आरम्भ मानी गई नई कविता में प्रयोगवाद से भिन्न कोई ऐसी विशेषता नहीं थी कि उसे किसी नई काव्य-धारा का दर्जा दिया जाए। काव्य-धारा के प्रारम्भ और विकास काल में जो परिपक्वता और संस्कार स्वयंमेव आ जाया करते हैं, वे इस दौर में प्रकट अवश्य हुए, परंतु कोई पृथक नवीनता नहीं। प्रयोगवादी कहे जाने वाले कवि यहां भी थे; तो प्रश्न यह उठता है कि अगर सारे प्रयोगवादी ही नई कविता के कवि थे, तो क्या वे बदल गए थे या विकसित हुए? इनमें नए कवि भी जुड़ते चले गए। इसलिए काव्य-विकास की प्रक्रिया को नजरअंदाज करके ही 'नई कविता' को 'प्रयोगवाद' से पृथक माना जा सकता है।

प्रयोगवाद नामकरण को कवियों ने भी उचित नहीं माना था और नई कविता में वह समाहित हो गया था। अतः प्रगतिवादोत्तर इस समूची धारा को नई कविता मानना उचित होगा जिसकी काल-सीमा 1938-1962 मानी जा सकती है। इसके प्रमुख कवियों में अज्ञेय, मुक्तिबोध, शमशेर, वीरेन्द्रकुमार जैन, भवानी प्रसाद मिश्र, धर्मवीर भारती, कुंवर नारायण, रघुवीर सहाय, श्रीकांत वर्मा, सर्वेश्वर आदि हैं।

प्रचलित परिपाटी में नई कविता को अलग काव्य-धारा मानते हुए कहा गया है कि नई कविता उस लघु मानव और लघु परिवेश की अभिव्यक्ति है जो एक ओर आज की यातना भोग रहा है और दूसरी उससे लड़ भी रहा है और अपना अस्तित्व सिद्ध करना चाहता है। नई कविता का विश्वास आधुनिकता में है। वह साक्षात्कार और विवेक पर आधारित मुक्त यथार्थ का समर्थन करती है। वह क्षण और सामयिकता के दायित्व को स्वीकार करती है। जीवन के प्रवाह में उसकी संदर्भवान अभिव्यक्ति नई कविता का भावबोध है। वह सापेक्ष मूल्यों की आग्रही है; सौंदर्य को यथार्थ से पृथक नहीं मानती और न काव्य को बुद्धिवाद से पृथक मानती है। आधुनिकता के प्रति वैज्ञानिक दृष्टि रखती है; भोगी हुई अनुभूति व्यक्त करती है। उसका आग्रह उस तत्त्व पर है है जो मानव व्यक्तित्व की स्थापना और उसकी उपयोगिता से विकसित होता है। नई कविता कुंठा को सम्पूर्ण चेतना के संदर्भ में व्यक्त करते हुए उसे एकांतिक नहीं बनाती। आज के यथार्थ जीवन के बाहरी और आंतरिक सत्यों के साथ वह अधिक गहराई से जुड़ती है तथा वस्तुस्थिति से पलायन नहीं करती। जाहिर है कि ये सारे तत्त्व 'प्रयोगवाद' से ही स्वाभाविक रूप से विकसित होकर आए थे।

नई कविता की आलोचना करते हुए इसे मात्र वैयक्तिक और एकांगी कहा गया; जबकि इसके भीतर अनेक प्रवृत्तियों, वर्गों, रुचियों, विचारधाराओं और शैलियों के कवि थे। इसके भीतर मुख्यतः पांच प्रवृत्तियां लक्षित की जा सकती हैं– 1. अभिव्यक्ति की स्वच्छंद प्रवृत्ति, जिसमें आत्मानुभूति को, बिना किसी बंधन के, प्रस्तुत किया जाए।

2. यथार्थवादी अहम्‌वाद जिसमें यथार्थ की स्वीकृति के साथ कवि अपने को उसका अंश मानकर अभिव्यक्ति करता है। 3. यथार्थ से प्रेरित व्यंग्यात्मक दृष्टि। 4. अनुभूति के नए आस्वाद की स्थापना। 5. अनुशासित, संक्षिप्त और प्रतीकपरक अभिव्यक्ति। इस तरह अभिव्यक्ति का नया मुहावरा बनाने की कोशिश।

नई कविता के उपकरणों पर क्षणिक अनुभवों और महानगरीयता के हावी होने का भी आरोप लगाया जाता है। भाषा में देशी-विदेशी अनेक अनुशासनों के शब्दों, नव प्रतीकीकरणों द्वारा संप्रेषण की समस्या भी उठाई गई है। परंतु विविध प्रवृत्तियों और प्रकारों की कविता का सामान्यीकरण इतना सहज नहीं होता–न उसके गुणों का न दोषों का। परंतु इतना अवश्य कहा जा सकता है कि विशेषीकरण और निजता के आग्रह के कारण कविता के संप्रेषण और लोकप्रियता पर विपरीत प्रभाव पड़ा।

कुल मिलाकर प्रयोगवाद या नई कविता-युग राजनीतिक सूली पर टंगा वक्त था। यह वह समय था जिसमें विसंगतियां और बिखराव अपने चरम पर थे। मध्यकाल का अवशेष और आधुनिकता के तत्त्व एक साथ उपस्थित थे। विश्व-दृष्टि और संकीर्णता, विनाश और अहिंसा, स्वतंत्रता और विघटन, समाजवादी और पूंजीवादी अर्थनीति, आश्वासन और अनुपलब्धि इत्यादि का ऐसा घामड़ मिश्रण था कि दृष्टा और भोक्ता किसी की भी अक्ल कुंठित हो सकती थी। वैश्विक स्तर पर महान् नरमेध ने मानव-अस्तित्व के प्रश्न को दर्शन और यथार्थ के घालमेल से उलझा दिया था। अगर नई कविता में भी एक साथ ये सारी प्रवृत्तियां, प्रभाव के स्तर पर दिखाई दीं तो समझना चाहिए कि यह 'समय' ही जिसे कविता ने शब्द दिया है। लेकिन इस सिलसिले में एक गहरा सवाल यह पैदा होता है कि क्या समय की सर्जना में साहित्य की कोई हिस्सेदारी नहीं है या नहीं हो सकती है? क्या उसकी सार्थकता; प्रासंगिक होने में ही है? अगर वह सृजन है तो क्यों वह केंद्रीय प्रसंग या उसका हिस्सा नहीं बन सकता? मेरा खयाल है कि इस समस्या से नया कवि अवश्य

ही जूझा है। क्योंकि उसने अपनी अधिकांश सर्जनात्मक शक्ति, अनुभूति से अपने को पृथक करने में लगाई है। नई कविता में सृजन के तीन नहीं चार सोपान हैं–प्रेक्षण, अनुभूति, अनुभूति से तटस्थता और तदन्तर सृजन। अनुभूति और अभिव्यक्ति के बीच के तनाव की चर्चा एक अर्से से साहित्य में होती रही; लेकिन सृजन में निरपेक्षता या तटस्थता का ऐसा सोद्देश्य आग्रह हिन्दी में इससे पहले प्रायः दुर्लभ रहा है। अनुभूति के पश्चात् तटस्थता कोई शून्य की स्थिति नहीं है, यह समीक्षा और चिंतन के स्तर पर अंतर्जगत में जारी रहने वाली सृजनात्मक सक्रियता है। यही वह समय है जिसे साहित्य अपने स्तर पर उपलब्ध करता है–सिर्फ प्रासंगिक रूप में नहीं, बल्कि प्रसंग के रूप में। इसीलिए उसमें व्यंजित विरोध, विसंगति, कुंठा, अनास्था–जैसी नकारात्मकता भी प्रत्यक्ष अनुभूतियों के परिप्रेक्ष्य में अपना विशिष्ट अर्थ रखती हैं। तटस्थता की यही गम्भीर भूमिका अनुभव के बंधन खोलती है जिससे परिस्थितियों के नकाब हटने लगते हैं–मूल प्रभाव, इशारे और इरादे खुलने लगते हैं। कवि अगर इन्हें भाषा देना चाहता है तो उसे सम्पृक्ति का मोह छोड़कर अभ्यंतर की खोज-यात्रा करनी होती है। अभिव्यक्ति का प्रमुख संकट यही है। इसे उपेक्षित करके पाठानुभूति की पुरानी संलग्नता बनाए रखने से नई कविता की समीक्षा में आधारभूत त्रुटियां हुई हैं।

उल्लेखनीय है कि कवि ने आमतौर पर न तो रोमांस-युग की तरह काल को लांघा है, न प्रगतिवादी युग की तरह देश को, और न ही छायावादियों की तरह शब्द को। उसने इन सबको बेध ने की कोशिश की है इसलिए आस्वाद के स्तर पर भी कविता इसी प्रक्रिया से हासिल हो सकती है। तभी उसमें समय की अवधारणा भी पहचानी जा सकती है।

1962 के आसपास नई कविता अंतिम सांसें लेने लगी। वह स्वयं रूढ़ि बन गई थी और उसमें ठहराव आ गया था। इधर भारत के राजनैतिक-सामाजिक-आर्थिक-सांस्कृतिक सभी क्षेत्रों में भयानक विघटन पैदा हो गया था। ऐसी स्थिति में रचना-क्षेत्र में भी एक अंधड़ की स्थिति

पैदा हुई, क्योंकि नई कविता के बाद कोई सशक्त रचना-धारा या केन्द्रीय प्रवृत्ति विकसित नहीं हो पाई थी, सिर्फ क्रोध, बिखराव, आत्म-ध्वंस और असंतोष था। विद्रोह के दिशावान न होने के इस दौर में अनेक प्रकार की प्रवृत्तियां और कविता के क्षणजीवी आंदोलन जन्मे; छोटी पत्रिकाओं की बाढ़ आ गई जो अपनी ढपली अपना राग अलापने लगी।

नई कविता के बाद इस वक्त जो विस्फोट, नग्नता, ध्वंस और व्यंग्य की निर्मम कटुता देखी गई वह तत्कालीन समय का दबाव था। भीतर और बाहर के सभी मोर्चों पर भारत विफल हो चुका था। सामाजिक, राजनीतिक और आर्थिक पतन एक ओर चरम सीमा पर था, दूसरी ओर बाहरी आक्रमण और पराजय से वह बुरी तरह ध्वस्त हो गया था। उसकी अर्थव्यवस्था छिन्न-भिन्न हो गई थी, सदाशयता और आत्माभिमान दोनों चूर-चूर हो चुके थे। कविता इन सबसे प्रभावित होती, इतना तो ठीक था, लेकिन उससे किसी गतिशील दृष्टि की अपेक्षा भी की जाती है। इस दौर की कविता ने इसका कोई प्रमाण नहीं दिया। परिणामस्वरूप आत्यंतिक निषेध का यह दौर कविता में जल्द ही खत्म हो गया और नए सिरे से समाजोन्मुख शक्तियां जीवन और सृजन को नई सार्थकता देने के लिए उठ खड़ी हुईं। समकालीन युवा-कविता ने एकओर काव्य की अधोगामी प्रवृत्तियों को साफ तौर पर नकार दिया है, वहीं दूसरीओर उसने संवेदना और करुणा के जाने-अजाने स्पर्शों से कविता को ताजगी दी है। उसने व्यक्तिवादी एकालाप और रहस्य के पदों को ही नहीं, वाद-ग्रस्त लफ्फाजी और रूढ़ियों को चीरकर अलग कर दिया, अनुभूति, संवेदन और परिवेश के जीवन-बोध ने उसे शोषण की अंदरूनी जटिलताओं को पहचानने की शक्ति और दृष्टि दी है।

अकविता ने परम्परा को सर्वथा त्याज्य घोषित किया। उसने वैयक्तिक और सामाजिक विकृति को विकृत और नग्न भाषा के सहारे व्यक्त किया। समस्त नैतिकता, आदर्श, संबंधों की पवित्रता, राज्य-समाज और मूल्य आदि पर से कवि का विश्वास उठ गया। अपने ध्वस्त विश्वासों और

पराकाष्ठा पर पहुंचे विद्रोह को वह कौन-सी दिशा दे—यह उसकी समझ से परे था। कविता का यह दौर सार्वत्रिक निषेध और तल्खी का था—जो मुश्किल से 5-7 साल पूरे कर सका। इस दौर के कवियों में जगदीश चतुर्वेदी और राजकमल चौधरी प्रमुख हैं।

समकालीन (या अद्यतन) कविता :

सातवें दशक के अंत में कविता ने अपने दिशाहीन विद्रोह को समेटना शुरू किया और उसे एक निश्चित सामाजिक-राजनीतिक दिशा में आगे बढ़ाया। इसका मुख्य श्रेय धूमिल को है जिन्होंने तेजतर्रार मुहावरे और चटख आक्रामक भाषा में सामाजिक विसंगतियों और राजनीतिक भ्रष्टाताओं, विश्वासघातों को उभारा। धूमिल ने राजनीतिक बद्धता की अपेक्षा तत्कालीन मनुष्य और स्थितियों के साक्षात्कार से अपने कथ्य को अर्थवत्ता देकर उसे अधिक प्रासंगिक और सम्प्रेषणीय बनाया। उनके सम्पूर्ण विद्रोह और आक्रमणों के पीछे छिपी संवेदनशील दृष्टि को साफ देखा जा सकता है। धूमिल की परम्पग में कुछ कवि हुए, इसी समय कुछ कवियों ने राजनीतिक शब्दावली के सहारे राजनीति और व्यवस्था के नीचे पिसते मनुष्य की पीड़ा और द्वन्द्व को उभारा।

आठवें दशक के मध्य से कविता का एक नया और ठंडा मुहावरा हरकत में आया। कवियों ने बहुत निजी और आसपास की दुनिया के सहारे व्यापक और गहरे संवेदन व्यक्त किए। बाहरी तल्खी और व्यंग्य, करुणा और सर्वहारा से आत्मीय संबंधों में बदली। कविता के इस वर्तमान दौर में इतने अधिक कवि सर्जना में लगे हैं; जिनका नाम इतिहास में गिना सकना संभव नहीं है। इस समय कविता के द्वारा यथार्थ के कई ऐसे बिन्दुओं को आत्मानुभूति और बौद्धिक स्तर पर छुआ जा रहा है जो उसकी परिसीमा से बाहर समझे जाते हैं। परंतु मुख्य बात यह है कि सचेत कवि जीवंत साक्षात्कार और समय-बोध के स्तर पर प्राय: आगे बढ़ रहे हैं।

समकालीन कविता के दौर में अनेक बुजुर्ग लेखक भी अपनी

जीवंतता के साथ सक्रिय हैं और आज भी दिशा देने में समर्थ हैं।

कविता की मुख्यधारा के साथ गीत और नवगीत भी निरंतर विकसित हो रहे हैं और कोशिश की जा रही है कि गीत की पारम्परिक अवधारणा और मनोलोक से जुदा होकर वे अपने युग के यथार्थ-बोध से जुड़े रहें।

गद्य-धाराएं :

छायावादोत्तर काल से गद्य के क्षेत्र में निरंतर गतिशीलता बनी हुई है। परिमाण और गुण दोनों दृष्टियों से यह बात कही जा रही है। विधाओं की दृष्टि से इस बीच एकाध को छोड़कर नई विधा तो सामने नहीं आई है; परंतु विधाओं के भीतर प्रक्रिया और चेतनागत जबरदस्त अंतर आए हैं। इस अर्थ में विश्लेषण और गहराई की जांच अब विधाओं के स्वरूप में ही अधिक सार्थक हो सकती है। कथ्य की मोटी शब्दावली के भीतर 'अंतस्तत्त्व' में बदलाव की अपरिमित संभावनाएं पैदा हो गई हैं। मसलन ग्रामीण जीवन का चित्रण जैसी मोटी बात को लें तो प्रेमचन्द का 'ग्राम' रांगेय राघव, विवेकीराय, रामदरश मिश्र और नए लेखक बलराम का ग्राम एक ही संज्ञा के बावजूद बदल चुका है। जाहिर है कि प्रक्रिया और शिल्प भी बदलेगा ही।

छायावादोत्तर काल में गद्य की समस्त विधाएं लगभग कविता के समानांतर चलती रही हैं क्योंकि सृजनशील मस्तिष्क अंततः युग और परिवेश की स्थितियों में ही तो सक्रिय रहते हैं। यह अलग बात है कि साहित्य, विधा की शर्त और स्वभाव से भी किसी हद तक जुड़ा होता हैंपरंतु यहां, फिलहाल कविता के परिवर्तनों को ध्यान में रखकर छायावादोत्तर गद्य पर अलग-अलग विकासात्मक संक्षिप्त चर्चा करना उचित होगा।

नाटक :

छायावादोत्तर काल में उपेन्द्रनाथ अश्क ऐसे लेखक हैं जिन्होंने हिन्दी नाटक को रोमांस के कठघरे से निकाल कर किसी सीमा तक

आधुनिक भावबोध से जोड़ा। 1940 में प्रकाशित 'छठा बेटा' इसीलिए छायावादोत्तर नाटक का प्रस्थान माना जाता है, जो परिवार-संबंध को केवल आर्थिक संबंध के रूप में देखता है। विष्णु प्रभाकर का नाटक 'टाक्टर' आधुनिक द्वन्द्व की दृष्टि से महत्वपूर्ण है।

यद्यपि अश्क ने नाटक को मंच और यथार्थ से जोड़ा लेकिन इस दिशा में सबसे महत्वपूर्ण अवदान जगदीशचन्द्र माथुर का 'कोणार्क' है जिसमें मंचीय सार्थकता और नई जटिल अनुभूतियों की नाटकीय रचनात्मकता है। आधुनिक भावबोध की दृष्टि से धर्मवीर भारती का 'अंधा युग' महत्वपूर्ण काव्य-नाटक है। इसी दौर में लक्ष्मीनारायण लाल ने अनेक प्रतीकात्मक और सामाजिक समस्याओं से संबंधित नाटक लिखे। मोहन राकेश के नाटक 'आधे अधूरे' से हिन्दी नाट्यलेखन में एक नया मोड़ आया। इसमें परिवार की अंतिम इकाई पति-पत्नी के संबंधों के टूटने के खतरों को यथार्थ स्थिति के परिप्रेक्ष्य में देखा गया है। रंचमंच की दृष्टि से भी इस नाटक का विशेष महत्व है। मोहन राकेश का नाटक 'आषाढ़ का एक दिन' भी हिन्दी का महत्वपूर्ण नाटक है।

1960 के आसपास 'नई कहानी' आंदोलन के साथ 'नया नाटक' आंदोलन भी चल पड़ा। वास्तव में इस समय नाट्य-सृजन में एक नया मोड़ आया भी था। यह 'नया' इसलिए था कि किसी पुरानी परम्परा के नाटक या शैली में उन्हें नहीं रखा जा सकता था। उदाहरण के लिए प्रचलित नाट्य शैलियों के अलावा इस युग में शैलीगत दो नई प्रवृत्तियां उभरीं—एक तो जगदीश चन्द्र माथुर, धर्मवीर भारती और मोहन राकेश वाली थी जिसमें ऐतिहासिक-पौराणिक कथा को आधुनिक परिवेश के अनुरूप सूक्ष्म यथार्थ और मानसिकता में रखा गया। इनमें नया नाट्यशिल्प और सामयिक रंगानुभूति थी। दूसरी प्रवृत्ति प्रयोगात्मकता थी। लक्ष्मीनारायण लाल का नाटक 'सगुन पंछी', मणि मधुकर का 'रसगंधर्व', हमीदुल्ला का 'उत्तर उर्वशी', शंकर शेष शेष का 'अरे मायावी सरोवर' आदि नाटक ऐसे हैं जिनमें नौटंकी, नाच, ख्याल,

रामलीला आदि के बहुत से रंग-तत्त्व अंतर्हित हैं। सुरेन्द्र वर्मा के नाटक भी अपने कथा और शिष्य के कारण ध्यान खींचते हैं।

कथ्यपरक पर समसामयिता की अभिव्यक्ति 'नया नाटक' का उद्देश्य था। बहुत सी विसंगतियां, एकाकीपन, संत्रास, कुंठा, अभाव, बेकारी, शोषण, संघर्ष और नैराश्य इनमें प्रकट हुआ। औद्योगीकरण के कारण भीड़ में भी मनुष्य का अकेलापन, मुखौटे का जीवन आदि को कथ्य के रूप में ग्रहण किया गया। भोगपरक प्रकृतिवादी दृष्टि के कारण सैक्स का बहुत चौंकाने वाला रूप भी इनमें आया। भोगे हुए यथार्थ के आधार पर सामाजिक, राजनीतिक, औद्योगिक जीवन को नाट्य-स्थितियों के लिए आधार बनाया गया। राजनीतिक विडम्बना और भ्रष्टाचार की अभिव्यक्ति खुलकर हुई। दिशाहीन जीवन का त्रास अनेक नाटकों में दिखाई दिया। दिशाहीनता कथ्य है। आर्थिक विषमता से उत्पन्न समस्याएं भी नाटकों में दिखाई देती हैं।

कथ्य को रूपायित करते हुए उसे दृश्यानुभव में उतारने की प्रवृत्ति भी तेज हुई है। 'दुलारी बाई', 'तीसरा हाथी' आदि ऐसी ही रचनाएं हैं।

नवनाट्य लेखन को एकओर ब्रेख्त और दूसरी ओर सेम्युअल बैकेट ने प्रभावित किया, जिसके कारण ऐपिक शैली और एबसर्ड शैली आई। डॉ. दशरथ ओझा के अनुसार 'इन दोनों नाट्य शैलियों का गड्डमड्ड प्रयोग करने के कारण हिन्दी का नया नाटक भारतीय जीवन की वास्तविकता के साथ पूर्ण सामंजस्य स्थापित करने में असमर्थ रहा।'

नया नाटक-स्त्री-पुरुष के यौन संबंध खुलकर प्रकट करता है, पशु-प्रवृत्ति के माध्यम से मानव की हिंसक, क्रूर, नीच प्रवृत्तियों को प्रकट करने की प्रवृत्ति भी इधर दिखाई देती है। परन्तु नवें दशक के बाद नाटक फिर नया रूप लेता है, इतिहास और मिथक के जरिए वह नए युग को प्रतिष्ठित करता है। इस संदर्भ में इस लेखक के नाटक 'इला' ने इधर पाठकों, रंगकर्मियों का काफी ध्यान खींचा है।

नाटकों की प्रस्तुति और पुनर्प्रस्तुति में इधर निर्देशकों की भूमिका

बहुत महत्वपूर्ण हुई है। बीसवीं शती ने इस दृष्टि से अनेक निर्देशक दिए हैं। इब्राहिम अल्काज़ी, हबीब तनवीर ब.व. करंत, रतन थियेम, रणजीत कपूर, रामगोपाल बजाज जैसे अनेक निर्देशकों ने हिन्दी मंच को समृद्ध किया है।

उपन्यास / कथा साहित्य :

अज्ञेय कृत 'शेखर एक जीवनी' से हिन्दी उपन्यास की दिशा में एक नया मोड़ आया। चेतना-प्रवाह, प्रतीकात्मकता, भाषा की आंतरिकता, अहम केन्द्रितता आदि के साथ कथ्य और शिल्प की दृष्टि से भी इसमें नवीनता थी। जिस प्रामाणिक अनुभूति की बात कविता में की जाती रही है, वह यहां उपन्यास में भी है। स्त्री-पुरुष के प्रेम संबंध और पारम्परिक नैतिकता से विद्रोह इसमें व्यक्त हुआ है। 'नदी के द्वीप' की मुख्य समस्या 'स्वतंत्रता का वरण' है जो मूलतः अस्तित्ववादी दृष्टि है। जैनेन्द्र और अज्ञेय दोनों फ्रायड के मनोविज्ञान से प्रभावित बताये जाते हैं जबकि इलाचंद जोशी को उसके मनोविश्लेषण से।

इधर के उपन्यासों में अमृतलाल नागर का विशिष्ट स्थान रहा। उन्होंने अपने उपन्यासों में व्यक्ति और समाज के सापेक्ष संबंधों को चित्रित किया है और शहरी मध्यम वर्ग को उसकी पूरी भाषा-चेतना में उतारा है।

ऐतिहासिक, पौराणिक उपन्यासकारों में वृन्दावनलाल वर्मा, भगवती चरण वर्मा, हजारी प्रसाद द्विवेदी, राहुल सांकृत्यायन, यशपाल और रांगेय राघव विशेष उल्लेखनीय हैं। इतिहास या पुराण पर का वर्तमान और वैचारिक संदर्भ में इस्तेमाल करते हुए भी उनकी मूल भूमि सुरक्षित रखने का प्रयास इन रचनाकारों का रहा है।

1950 के बाद के उपन्यासों में आंचलिक उपन्यासों की एक सरणि चर्चित रही। इसके अन्तर्गत नागार्जुन (बलचनमा), फणीश्वरनाथ रेणु (मैला आंचल), उदयशंकर भट्ट (सागर लहरें और मनुष्य) आदि उल्लेखनीय है। ग्रामांचल की समूची विशिष्टता, भाषा, लोक गीत, रीति-नीति का निर्वाह करते हुए इस परिदृश्य को जीवन्त कर देने वाले

उपन्यास इस श्रेणी में आते हैं।

प्रयोगशील उपन्यासों के साथ ही मनोवैज्ञानिक, सामाजिक, राजनीतिक और अनेक मानवीय प्रश्नों को लेकर भी इधर अच्छे उपन्यास लिखे गए।

चेतना-प्रवाह प्रणाली से लिखे उपन्यासों में नैतिक मूल्यों पर प्रहार किया गया है। आधुनिकता बोध के उपन्यासों में यंत्रीकरण, महायुद्धों और अस्तित्ववादी चिंतन के फलस्वरूप उत्पन्न आधुनिक स्थितियों को उजागर किया गया है। मोहन राकेश का 'अंधेरे बंद कमरे', निर्मल वर्मा का 'वे दिन', राजकमल चौधरी का 'मछली मरी हुई' आदि इसके अन्तर्गत आते हैं।

आधुनिकता बोध के उपन्यासों में निर्मल वर्मा के उपन्यासों का मंहत्वपूर्ण स्थान है। इनमें कहीं वैयक्तिक तो कहीं पारिवारिक-सामाजिक विषमताओं और अन्यायों के प्रति विरोध प्रकट हुआ है। अन्य उपन्यासकारों में भीष्म साहनी, कृष्णा सोबती, शिवप्रसाद सिंह, जगदम्बा प्रसाद दीक्षित, मनोहर श्याम जोशी, राजी सेठ, रामदरश मिश्र आदि अनेक महत्वपूर्ण हैं।

कहानी :

छायावादोत्तर काल में कविता के साथ कहानी की भी व्यापक चर्चा हुई। क्योंकि दोनों ने समकालीनता को गहरे अर्थ में रेखांकित करने की कोशिश की। नई कविता के वजन पर सन् 60 के आसपास से कहानी को 'नई कहानी' कहा जाने लगा। फिर 'सचेतन कहानी', 'अकहानी', 'समान्तर कहानी' जैसे आंदोलन भी चले।

छायावाद युग के बाद कहानियों में प्रगतिवादी और व्यक्तिवादी दोनों प्रवृत्तियां दिखाई दीं। 1950 के आसपास कहानियों में क्रमशः वैयक्तिकता का दबाव बढ़ता गया, परंतु शीघ्र ही स्वतंत्रता से प्राप्त सुख के प्रति मोहभंग हुआ। छठे दशक में जो तनाव था वह मूल्यों से पूरी तरह अलग नहीं हुआ था, परंतु 1962 में मूल्य भी पूरी तरह ध्वस्त हो गए। मार्क्स और फ्रायड से आगे अस्तित्ववादी धारणा प्रबल हो उठी,

जिससे सातवें दशक में संत्रास, अलगाव, बेगानापन और ऊब व्यक्त हुई। लेकिन आठवें दशक में कहानी पुनः दिशावान होने लगी और इसमें मनुष्य के यथार्थ को जानने की ऐसी उत्कटता पैदा हुई जिसके पीछे संवेदना और परिवर्तन का विश्वास था। स्पष्ट है कि कहानी की विकास-यात्रा कविता की तरह ही हुई है, अंतर विधा के स्वरूप और कथ्य की संभावनाओं का है।

आजादी के बाद हिन्दी कहानी में दो स्वर सुनाई दिए। मूल्यवादी और विघटित मूल्यों के स्वर। प्रेमचन्द और अज्ञेय के प्रभाव को भी इस समय की कहानियों से निरस्त नहीं किया जा सकता। छठे दशक में ग्रामांचल की कहानियां विशेष रूप से ध्यान खींचने लगी थी। शिवप्रसाद सिंह, मार्कण्डेय और फणीश्वरनाथ रेणु ने इस प्रकार की कहानियां लिखीं, परंतु इनमें ग्रामचित्र, प्रायः रूमानी और मोहासक्त थे। ग्रामांचल से हटकर परम्परा के इसी मोड़ पर रांगेय राघव, अमरकांत, शैलेश मटियानी दिखाई देते हैं जो प्रेमचन्द की परम्परा को आगे बढ़ाते प्रतीत होते हैं। इस दौर में तनाव, मूल्यों की तलाश और विविध संदर्भों की कहानियां भी आती हैं। देश के विभाजन को लेकर भी अनेक कहानियां लिखी गईं। इन कहानियों में युगीन संक्रमण के स्वर भी प्रबल हैं। कहानियों के चरित्र पर अन्तर्राष्ट्रीय प्रभाव भी पड़ रहा था। कथाओं, घटनाओं और चरित्रों द्वारा निर्मित कहानियों के बने हुए ढांचे तोड़कर इन्होंने जिंदगी के छोटे-मोटे टुकड़ों, बदलते हुए दृश्यों, छोटी-छोटी घटनाओं और अर्थपूर्ण प्रतीकों द्वारा युगीन स्थितियों को अंकित किया, जिसके लिए इन्होंने अपने को प्रतिबद्धताओं से मुक्त रखने की कोशिश की। कथा-क्षेत्र में उत्पन्न विघटित मानसिक अवस्था और बेचैनी श्रीकांत वर्मा आदि की कहानियों में देखी जा सकती है।

सातवें दशक को मोहभंग का दशक कहना उचित होगा। मूल्यहीनता की राजनीतिक और सामाजिक परिणतियां कथाओं में झांकने लगीं। अकेलेपन और आत्मनिर्वासन की इन प्रवृत्तियों में निषेधपरकता ज्यादा

थी। राजनीतिक, सामाजिक विघटन और मूल्यहीनता के खिलाफ रचनाएं आज भी लड़ रही हैं। इधर स्त्री-मुक्ति और दलित को अपना मानवीय अधिकार दिलाने का संघर्ष भी रचनाओं में देखा जा रहा है।

मूल्यांकन :

'नई रचना' के पिछले चार दशकों की इतिहास-यात्रा में हमने देखा कि साहित्य में अनेकानेक मोड़ आए। विचार, भाव-बोध और शिल्प के स्तर पर सामान्य परिवर्तनों के साथ जो विशिष्ट और निजी परिवर्तन हुए उनकी कोई सीमा नहीं है, यहां तक कि आज हर रचना अपने लिए अलग मूल्यांकन की मांग करने लगी है। इस संक्षिप्त और परिचयात्मक इतिहास से न तो इस तरह की बारीकियों में जाने की अपेक्षा की जा सकती है और न यह संभव है।

मोटे तौर पर आजादी के बाद के चार दशकों में जो मोड़ आए हैं उनका विहगावलोकन करने से पता चलता है कि छायावादोत्तर युग का प्रस्थान सामाजिक-चेतना की एक स्पष्ट वैचारिक और सैद्धान्तिक धारणा से हुआ था। यथार्थ और जीवन के प्रति जो संवेदन-सृष्टि साहित्य में आधुनिक युग के प्रारम्भ से दिखाई दे रही थी उसे एक निश्चित दिशा मिली। इस धारा के कारण साहित्य को छायावाद के परिवेश से मुक्ति मिल सकी थी। परंतु यह वाद के रूप में अधिक समय तक जारी न रह सका, फिर भी प्रगति-चेतना निरन्तर सक्रिय रही। चार दशकों के अनवरत मोड़ों में तमाम आंदोलनों और बदलती अवधारणाओं के दौर में भी, जो धाराएं संदर्भ, शिल्प और सर्जनात्मक बरताव की दृष्टि से, अनेक परिवर्तनों के बावजूद आद्यंत जारी रहीं, उनमें प्रगतिशील चेतना, व्यक्तिपरक सामाजिकता, और रूमानी चेतना है। साहित्य के भीतर संघर्ष अनेक रूप में जारी है, जिसमें स्त्री सशक्तीकरण और दलित आंदोलन शामिल हैं।

प्रगतिवाद के बाद जारी प्रयोगवादी (या नई) रचनाधारा के चार पहलू थे। एक तो यह कि इस धारा के रचनाकारों ने जीवन के यथार्थ पर बल दिया था; प्रत्येक संवेदित क्षण की महत्ता स्वीकारी और स्वयं

अपने युग के विघटन, संक्रांति, अनास्था, कुंठा, विजड़ित मर्यादा तथा यांत्रिकता का गहरा और तीखा दबाव अनुभव किया अर्थात् उसके लिए 'यथार्थ' स्वीकृति और सैद्धान्तिक नहीं था, अनुभव था; और यह अनुभव भी स्थायी न होकर अनुभव-क्षण की तीव्रता में निहित था। स्पष्ट ही यह 'यथार्थ' छायावाद की कथित वायवीय अनुभूति और प्रगतिवाद की सैद्धान्तिक अनुभूति से अलग था। दूसरा पहलू था—मानव-व्यक्तित्व की खोज। उसका मानव-महामानव, कल्पनालोक का मानव या समुदाय-समूह का मानव नहीं था, क्योंकि ये सब अपने में मनुष्य के व्यक्तित्व को विलीन कर लेते हैं। आत्मान्वेषण और आत्मोपलब्धि के लिए मनुष्य को एक सम्पूर्ण व्यक्तित्ववान इकाई होना होता है। नई रचना में व्यक्ति के 'अहम्' की स्वीकृति इसी व्यक्तित्व की खोज है। इस व्यक्तिव का अनवेषण वैज्ञानिक और बौद्धिक तटस्थता के आधार पर ही किया जा सकता था; किसी दर्शन या भाव के आधार पर नहीं। तीसरा पहलू बदलते हुए युग-बोध के अनुरूप भाषा, शिल्प और रचना-रूप (या फॉर्म) की खोज था। व्यक्तित्व की स्वीकृति के बाद नए भावबोध की सतर्क खोज का जिम्मा व्यक्ति पर ही आ जाता है—जिसके लिए कोई दर्शन, कोई परिपाटी, कोई शिल्प, कोई रूप-बाध्यता नहीं हैं, निजी खोज की यह विशिष्टता सूक्ष्म रूप से एक रचनाकार को दूसरे से या एक रचना को दूसरी से अलग करती है। यही व्यक्तित्व की अद्वितीयता है, जिसकी प्रयोग-काल में चर्चा होती रही है। चौथा पहलू था मूल्य की उपलब्धि। यह भी परम्परा से स्वीकृत मूल्य नहीं था, अन्वेषित और अर्जित मूल्य था—जो निरन्तर सत्य के प्रति संकल्पशील लेखक के लिए एक अनवरत प्रश्न था। इसे भी कहीं बाहर से नहीं आना था, आरोपित नहीं होना था—स्वानुभूति से उपजना था। स्पष्ट है कि यथार्थ की प्रामाणिकता के लिए स्वयं संकल्पशील लेखक की पहली मांग व्यक्ति की मुक्ति थी। अर्थात् यही प्रकारांतर से रचनाकार की स्वाधीनता थी। परन्तु इस स्वाधीनता में अराजकता या उच्छृंखलता नहीं थी क्योंकि वह यथार्थ की सच्ची

अनुभूति के प्रति संकल्पशील था।

प्रयोगशील युग के बाद जिसे नयी रचना (या कविता) का युग कहा गया, उसमें इन मूलभूत संकल्पों में अंतर नहीं आया; विकास और संवर्धन अलबत्ता हुआ; यानी अन्वेषण के नए क्षितिज उभरे, समकालीन यथार्थ के परिवर्तन से उत्पन्न नई यथार्थ-दृष्टि मिली, संक्रमण के बीच नए मूल्यों की खोज हुई।

सन् 62 के आसपास रचना-क्षेत्र में फिर से एक जबरदस्त परिर्तन हुआ। इसके बीज तत्कालीन राजनीति और समाज में थे, परंतु नए विद्रोही लेखक की दृष्टि से साहित्य उनके प्रति सही दृष्टि नहीं अपना रहा था। पूर्व-युगों की आलोचना करते हुए उसने कहा कि कल्पनाजीवी, भावशील आवेश वाले, व्यक्तिवादी और आकर्षण प्रेमी यथार्थ को झुठलाना चाहते हैं। वे सिर्फ अनुभव पेश करते हैं। यथार्थ की वास्तविक और तटस्थ अनुभूति 'आत्म-साक्षात्कार' से नहीं, 'वस्तु-साक्षात्कार' से होगी। क्योंकि आज का अनुभव वस्तुओं और स्थितियों के प्रति हमारी भावात्मक प्रगतिक्रियाओं के रूप में नहीं वरन् उसके (वस्तु और स्थिति के) अस्तित्वगत अन्तर्सबंधों में व्यंजित होगा। उसने घोषित किया कि हमें भावुकता, कल्पनाशीलता सौंदर्याकर्षण से ही नहीं, वरन् पिछली प्रतीक-बिम्ब योजना, रूप और माध्यम से भी मुक्त होना है। इस तरह उसने छायावाद से लगाकर छायावादोत्तर युग की अब तक की तमाम अवधारणाओं और सृजन-प्रक्रियाओं से इन्कार कर दिया। उसने वस्तुस्थिति या पात्र को अनुभव की स्वतंत्र इकाई मानने से इंकार करते हुए और क्षण की अद्वितीयता, व्यक्तित्व की स्वाधीनता तथा दूसरी ओर वर्गमूलक विश्लेषण करने वाली धारणाओं को अस्वीकृत कर दिया। उसने नवतावादियों के 'मोह-भंग' से इंकार करते हुए कहा कि उसे कोई मोह था ही नहीं तो मोह भंग क्या होता है? उसने देखा कि चारों ओर भ्रष्टाचार विसंगतियां, कुरूपताएं फैली हैं; व्यक्ति विघटित हो चुका है। वह जिन चीजों का विरोध करता है खुद उसका शिकार है–इस तरह मुखौटा पहने है। यह सब देखकर सारे

मूल्यों, परम्पराओं, नैतिकताओं से इस रचनाकार की आस्था उठ गई–वह क्षुब्ध, विद्रोही और आक्रोशपूर्ण हो उठा। परंतु उसके सारे बयानों के पीछे एक गहरा भावावेश था–जिसके विरोध में उसने 'अ' (एंटी) आंदोलन शुरू किया था।

फिर भी सवाल यह उठता है कि सब कुछ ध्वंस कर देने पर अंततः बचेगा क्या? और क्या वास्तव में ध्वंस की यही दृष्टिहीन, अंधी प्रक्रिया होती है? आगामी लेखक में ऐसा ही विवेकशील सोच पैदा हुआ जो स्वयं भी इन तमाम विसंगतियों, विघटनों, भ्रष्टाताओं का अनुभव कर रहा था। उसने इनके सही संदर्भों और रूपों की खोज कर विद्रोह को संघटित किया। यहीं से वह नई रचना-धारा प्रवाहित हुई जो पहले बहिर्मुखी और विद्रोहपरक थी, परंतु अब किसी आंतरिक शक्तिस्रोत की खोज में ऐसे माध्यम, रूप और अनुभूति की तलाश में है जो नए सिरे से, इस संकट और अभावग्रस्त आदमी से अंदरूनी बातचीत कर सके।

स्थितियां निरन्तर विषम होती जा रही हैं। राजनीति, क्षुद्र स्वार्थों में केन्द्रित और दिशाहीन है; विज्ञान और यंत्रों का दबाव बढ़ता जा रहा है; मनुष्य का व्यक्तित्व, उसका जीवन तमाम तरह की विषमताओं, विसंगतियों और यातनाओं से अधिक घिर गया है, यहां तक कि वह हर जगह असुरक्षित, अकेला, असहाय है। उधर दोमुहांपन, चमक-दमक, व्यावसायिकता, धर्मान्धता और प्रलोभन चरम सीमा पर हैं। शोषण की प्रक्रिया बहुत कुछ अप्रत्यक्ष और सलीकेदार हो गई है। मनुष्य के पारस्परिक संबंध अधिक जटिल हो गए हैं। सवाल पिछले समय की तुलना में आज ज्यादा तीखे और भयावह हैं। सभ्यता की चोटी पर चढ़ा हुआ आदमी, जब वहां से गिरेगा तो मनुष्यता का कहीं पता नहीं चलेगा। जाहिर है कि आज के लेखक की चिंता का फलक कितना विस्तृत और अबूझ है। उसे एक बहुत छोटी और निजी दुनिया से लेकर पूरा ब्रह्माण्ड और काल के सारे आयामों के सामने खड़ा होना पड़ा है। इस दुर्वह दायित्व-बोध को महसूसने में हिन्दी का रचना-मानस किस हद

तक अपनी सार्थकता सिद्ध कर सकेगा यह 'इतिहास' नहीं 'भविष्य' बताएगा।

हिन्दी में विपुल साहित्य लिखा जा रहा है। अनगिनत विविधताएं हैं। परंतु साहित्य की पकड़ समाज पर निरंतर कमतर होती जा रही है, प्रचार-प्रसार की एजेन्सियां दोयम दर्जे के हाथों में पड़ी हैं; व्यावसायिक पत्रिकाएं खल्वाट हो चुकी हैं। जनता के पास हिन्दी साहित्य जिस रूप में जिस स्तर पर पहुंच रहा है वह सचमुच दहशत पैदा करता है।

एक शिकायत यह भी है कि हिन्दी में ज्ञान का मौलिक साहित्य बहुत कम लिखा जा रहा है, अनुवादों की हालत भी खस्ता है। यह बात इस दिशा में कठोर संघर्ष और उपलब्धियों को नजरअंदाज करके नहीं कही जा रही है।

आज की स्थिति में साहित्य की श्रेष्ठता को संघटित कर एक उदार और सहिष्णु, बौद्धिक-मानस का निर्माण करने की आवश्यकता है। उन स्थितियों और प्रतिभाओं की भी प्रतीक्षा है जिनके माध्यम से ऐसा साहित्य लिखा जा सकेगा जो विश्व-साहित्य में अपनी दृष्टि, सर्जना और विचार के स्तर पर पहले से भी अधिक ऊंचाई पर खड़ा हो।

बीसवीं शती के नवें दशक से वर्तमान शती के प्रथम दशक के बीच ऐसा बहुत घटित हुआ जिसका प्रभाव साहित्य पर पड़ा। चौथे से आठवें दशक तक जिस प्रगतिशील आंदोलन का साहित्य पर दबाव था, वह नवें दशक के अंत में, सोवियत संघ में साम्यवादी सरकार के पतन के साथ, शिथिल पड़ गया। वह हताशा से छिन्न-भिन्न हो गया, जबकि यह साहित्य जिस सर्वहारा वर्ग की पक्षधरता में खड़ा रहता है, उसकी हालत पहले से गई बीती हो चुकी थी। इतना ही नहीं, इतिहास के अब तक के दौर में उसका जीना सबसे अधिक कठिन हो चुका है। इसलिए रूस या चीन में चाहे जो कुछ हो, उसका प्रभाव भारत के प्रगतिशील आंदोलन पर नहीं पड़ना था। उल्टे ऐसी स्थिति में उसे अपने लक्ष्य में अधिक धनीभूत होना था, क्योंकि कठिन समय में उत्तरदायी शक्तियों का यही

चरित्र होता है। अगर ऐसा नहीं हो सका तो, उसके ऐतिहासिक कारण क्या हो सकते हैं? पहला तो शायद यही कि भारत का प्रगतिशील आंदोलन रूस की बैसाखी पर खड़ा था–कि उसके खिसकते ही वह गिर पड़ा। क्या उसके आलोचक यह ठीक कहते थे कि प्रगतिशील आंदोलन अपने लिए सारे निर्देश रूस और चीन से लेता है, उसकी जड़ें भारतीय समाज में नहीं हैं। विचारधारा का शिकंजा इतना सख्त है कि वह कुछ मुहावरों और शब्दों में जड़ीभूत हो गया है। यदि यह बात यथार्थ न होती तो रूस में साम्यवाद के पतन से प्रगतिशील विचारधारा छिन्न-भिन्न क्यों होती?

वैसे भी भारतीय समाज, राजनीति आदि में साम्यवादी विचारधारा की जड़ें नहीं हैं। लोकतांत्रिक समाज में जनता की राजनीतिक अभिव्यक्ति निर्वाचन द्वारा प्रकट होती है। साठ-पैंसठ साल की मशक्कत के बाद आज साम्यवादी सरकारें कितने प्रातों में हैं? इसका अर्थ है कि सामाजिक जीवन में व्यवहार के स्तर पर वह कोई राजनीतिक ज़मीन नहीं बना पाई। इसका कारण स्वयं प्रगतिशीलता के पैरोकारों द्वारा दोहरा जीवन जीना भी हो सकता है। सिद्धांत में धर्म, जाति आदि का जो विरोध करते हैं–वे स्वयं व्यक्तिगत जीवन में धार्मिक कर्मकाण्ड कराते रहते हैं; अपने बच्चों के लिए दूल्हा या दुल्हन जाति में खोजते हैं। शादी-ब्याह में पूंजीपतियों के मानिंद शानेशौकत दिखाते हैं; इतना ही नहीं, साम्यवादी विचारधारा का आर्थिक क्षेत्र में कोई हस्तक्षेप नहीं हैं उल्टे सत्ता में आकर उसने 'सेज़' बनाए हैं। क्या यह विसंगति नहीं कि साम्यवादी सरकारें तो सेज़ बनाएं, और वे दल या पार्टियां जिन्हें प्रतिक्रियावादी, सिद्धांतहीन, विचारहीन आदि कहा जाता है–सेज़ का विरोध करें! आज लोग कहने लगे हैं कि भारत में विभिन्न दलों की सरकारों में आमतौर पर कोई अंतर नहीं रह गया है! सबकी नीतियां और काम एक जैसे हैं। दूसरे शब्दों में सभी सिद्धांतहीन हैं।

यह तथ्य है कि साहित्य की संवेदनशीलता सदैव असहायों, गरीबों के प्रति बनी रही है। प्रगतिशीलता का लेबल लगा आंदोलन

भले ढह गया हो, वह निरंतर जीवित है। हुआ बस यह कि प्रगतिशील आंदोलन ने जिस विचारधारा को रूढ़िबद्ध किया था, उसे स्वाधीनचेता कलाकारों ने अपने सरोकारों में जिन्दा रखा और साबित किया कि मानवीय संवेदना से जुड़ने के लिए दलों, आंदोलनों की जरूरत नहीं है।

प्रगतिशील आंदोलन के ध्वस्त होने का एक परिणाम यह निकला कि वैकल्पिक मार्ग की तलाश हुई। अनुभव किया गया कि वह गांधीवाद में निहित है, जिसका अंतरंग संबंध भारतीय जनता से है। अगर जातिवाद लें तो, भाषावाद लें तो, 'सेज़' के निर्माण और अंधे उद्योगीकरण को लें तो, बाज़ारवाद और उपभोक्तावाद लें तो, पर्यावरण लें तो, आखिरी आदमी की चिंता लें तो, स्वाधीन राष्ट्र के आंतरिक परिवर्तन के लिए अहिंसात्मक आंदोलन लें तो गांधीवाद में सबके समाधान और उत्तर मौजूद हैं। वह वास्तव में भारतीय और मुख्यत: तीसरी, दुनिया की चिंता-दृष्टि है। अभी कोपनहेगन में पर्यावरण की समस्या लेकर दुनियाभर के देश इकट्ठा हैं, वहां सम्मेलन के दरवाज़े पर गांधी का चित्र लगा है, मानो गांधी का मार्ग पर्यावरण की त्रासदी से मुक्ति का अंतिम मार्ग हो। सबसे बड़ी बात है कि गांधीवाद, वाद की किसी जकड़न से मनुष्य को नहीं बांधता, बल्कि स्वाधीन चिंतन के लिए खुला छोड़ता है। इसीलिए जो लोग सत्य, अहिंसा जैसी शब्दावली में गांधीवाद को देखते हैं, वे साहित्य में उसकी अनुपस्थिति से हताश होते हैं। परंतु गांधीवाद कुछ प्रतीकों में नहीं एक आम आदमी की तमाम बदलती समस्याओं में आकार लेता है; और जो साहित्य मानवीय संवेदना से ओतप्रोत है मानवीय समस्याओं के समाधान के प्रति चिंतित है—वह गांधीवादी साहित्य है। जबकि इसे प्रगतिवाद अपने नाम दर्ज करता रहा है। मैथिलीशरण गुप्त, दिनकर और इधर जितने लोगों की शतियां मनी हैं उन्हें प्रगतिशील ठहराने में अपनी शब्दावली झोंकता रहा है।

इस घटना-चक्र का एक प्रभाव यह पड़ा कि साहित्य राजनीतिक तर्क से नहीं मानवीय तर्क से संचालित होने के लिए खुला हुआ।

इस दौर की दूसरी महत्वपूर्ण घटना घटी कि पश्चिम के कुछ चमत्कार प्रिय लेखकों ने (जिन्हें हम खुदा समझते हैं!) इतिहास, उपन्यास, कविता, साहित्य आदि की मृत्यु-घोषणा कर दी।

मैं सोचता हूं कि आखिर किस मानसिकता के असर से इस तरह की आवाज़ें उठी होंगी जो अपने को सब तरफ से काटकर अलग-थलग करने की इच्छा का कुफल है। अंततः मनुष्य भौतिक साधनों और यंत्रों के बीच कब तक अनाहत रह सकता है? बाह्य साधन किस सीमा तक आंतरिकता की खाली जगह भर सकते हैं? खैर, मृत्युघोषणाओं के अपने तर्क हैं; परंतु शेष विश्व ने इसे स्वीकार नहीं किया। कोई मानने को तैयार नहीं हुआ कि इतिहास आदि मर चुके हैं। इतिहास की आलोचना से हम जीवन को कितना अर्थवान बना सकते हैं? उपन्यास मर गया इसे कौन माने, जबकि दुनियाभर में उपन्यासों की बिक्री बढ़ी है। कई पुस्तकें बेस्ट सेलर हैं। अनेक नए-नए प्रकाशन जन्म ले रहे हैं, हिन्दी को अंग्रेजी के प्रकाशक भी अपने प्रकाशन की अनिवार्यता मानने लगे हैं। हां कविता के पाठक कम हुए हैं इसमें शक नहीं, लेकिन इससे यह कहना कि कविता मर गई है कपोलकल्पित सोच को साहित्य पर लादना है। कविता के पाठक कम होने के कुछ कारण नितांत व्यावहारिक हैं। इस प्रकार की घोषणाओं का असर हुआ तो यह कि सारे संवाद-विवाद इस दिशा में मुड़ गए और विचार, रचना आदि पर होने वाला सोच विस्थापित हो गया; अन्यथा हम इसकी जगह सार्थक संवाद भी कर सकते थे।

तीसरी महत्वपूर्ण स्थिति रचना के क्षेत्र में मीडिया के जीवन में हस्तक्षेप से उपजती है। आज मीडिया भय, दुःख, क्रोध, प्रेम जैसे भावों को जगाने की बजाए कुंठित करने में बहुत बड़ी भूमिका निभा रहा है। दिन में पचीस बार क्रूर घटनाचक्रों की आवृत्ति से संवेदित मन की उर्वरता कुंठित होती है। मसलन प्रेम जैसी चीज़ों में, क्रीम में, हीरों में, टूथपेस्ट में रूपांतरित हो चुका है कि इससे गहरे संवेदन खो गए हैं। संगणक (कंप्यूटर) ने जहां मनुष्य के लिए कई आकाश खोले हैं, वहीं

उसे आत्म-केन्द्रित भी किया है, मनुष्य अपने में सिमटता जा रहा है। इसने हज़ारों हाथों का काम छीना है। क्योंकि साहित्य मानसिक कार्य है इसलिए इन सबका साहित्य पर प्रभाव पड़ा है।

इधर बाजारवाद का विश्व पर, विशेषकर तीसरी दुनिया पर ड्रोन आक्रमण हुआ है। उसने मनुष्य की मानसिकता को उपभोक्तावाद में कैद कर दिया है। बाजार का मुख्य लक्ष्य मनुष्य को विज्ञापन के निर्देशित मार्ग पर चलाना है। इसने आकांक्षा और अभाव के बीच भयानक तनाव पैदा कर दिया है। असल में उपभोक्तावाद, आवश्यकता या अनिवार्यता की पूर्ति नहीं, बल्कि विलासिता, कृत्रिम आवश्यकता की पूर्ति का सृजन करता है। विज्ञापन का संसार ज़रूरत की ओर इंगित नहीं करता, बल्कि वह हमारे लिए अनावश्यक, कृत्रिम वस्तुओं के अम्बार लगाकर हमें ललचाता है। वह हमारी आत्मनिर्भरता छीनकर हमें पराश्रयी बनाता है। साहित्य में भी साधना से पहले पुरस्कार, यश और प्रचार की जो होड़ मची हुई है और उसकी गहराई कम होने लगी है, उसका एक कारण बाज़ारू उपभोक्तावादी मनोवृत्ति है।

यह किस हद तक मनुष्य में संक्रमण कर रहा है, इसका एक उदाहरण यह है कि एक फिल्मी नायिका प्रतिदिन अपने दैहिक रख-रखाव (गाल, बाल, जाल) पर 45000 रु० खर्च करती है। निश्चय ही यह उपभोक्तावाद है क्योंकि यह किसी भी देह की वह आवश्यकता नहीं है। इन सब का अदृश्य प्रभाव साहित्य पर पड़ता है और वह कृत्रिम शिल्प केन्द्रित होता है।

पिछले दो दशकों के बीच दुनिया इतनी तेज हुई है कि साहित्य में संवेदनों का सम्पूर्ण स्वरूप उभरना कठिन हो गया है। जैसे तेज गति से चल रही रेल के बाहर का दृश्य एक सपाटे में निकल जाता है और वस्तुओं की मात्र गतिशील झलक मिलती है, वैसे ही समय की तीव्रतर गतिशीलता में एक रचनाकार को संवेदन अपने भीतर पकाने का वक्त नहीं मिलता जिसकी साहित्य को जरूरत होती है। मसलन एक पर एक घटना तेजी से घटित होती है जिसे मन में जमने का समय ही नहीं

मिलता। यही कारण है कि साहित्य में भावों और विचारों की गहराई की बजाए वह स्केची हो जाता है। मुझे लगता है कि इस नई स्थिति से अपने को अनुकूलित करने का अभ्यास हमारे समकालीन लेखकों को होने लगेगा।

साहित्य जितना व्यक्तिगत है उतना ही सामाजिक है। एक लेखक जो एकांत साधना करता है वह एकांतिक नहीं होती, उसकी एकांत साधना में अखिल विश्व सिमट आता है। दूसरी ओर सम्प्रेषण भी सृजन का जरूरी अंग है रचना रूप लेते ही सहृदय की मांग करती है क्योंकि वही उसे फलीभूत करता है। परंतु इधर साहित्य में व्यक्तित्व के चमत्कार प्रकट करने की ओर लेखक का ध्यान गया है। ऊपर से हम अक्सर चिंतित रहते हैं कि पाठक साहित्य से, विशेषकर कविता से कटता जा रहा है, परंतु उन कारणों की तलाश की ओर हमारा ध्यान नहीं है जो साहित्य को इस मरुभूमि से उबारे। जब कवि व्यक्तिगत और अन्यों के लिए अबूझ प्रतीकों, कथ्यों का सहारा लेगा, अभिव्यक्ति को ऊपर से सरल लेकिन भीतर से जटिल बनाएगा। उस नए रस, नए कथ्य और पाठकीय दिलचस्पी की खोज नहीं करेगा जो रचना का सामान्यीकरण करती है, तो पाठक साहित्य से दूर नहीं भागेगा तो क्या पास पहुंचेगा? मैं समझता हूं साहित्य के भीतर इसे ही व्यक्तिवाद कहना चाहिए। वैसे यह प्रवृत्ति आधुनिक सर्जना के भीतर तो बढ़ी है, पर इसकी जड़ें खूब गहरी हैं जो फ्रांस के प्रतीकवादी युग तक जाती है।

जहां तक गद्य, विशेष कर उपन्यास, कहानी आदि का सवाल है, यहां कथ्य अवश्य नया हुआ है, पर उसमें विचित्र हड़बड़ी है। वैसे नए साहित्यान्दोलन के भीतर शिल्प का दबदबा रहता है, परंतु कथ्य से अधिक शिल्प का रुझान साहित्य को चमत्कार की ओर ले जाता है। नई रचनाओं में यह प्रवृत्ति साफ दिखती है। अब थिराने का वक्त आने से तो रहा, क्योंकि समय या संसार की गति इस सृष्टि के रहते कम होगी इसकी कल्पना अर्थहीन है इसलिए इस प्रवृत्ति के उत्तरोत्तर बढ़ने

की संभावना लगती है। नए लेखक को लगता है कि शिल्प के चमत्कार से रचना पढ़ी और चर्चित होती है। सबसे पहले वही ध्यान खींचता है, इसलिए उसका सहारा लेता है। जबकि कथ्य के चयन और उसकी प्रस्तुति के प्रति ध्यान देना अधिक जरूरी है। एक महत्वपूर्ण बात की ओर ध्यान देना जरूरी है, साहित्य में, कम-से-कम हिन्दी सहित्य में आधुनिकतम उपलब्धियों की ओर ध्यान देने की आवश्यकता लगती है। इतनी उपलब्धियां, इतने अन्वेषण विभिन्न क्षेत्रें में हुए उन सब नवीनताओं का आलेखन साहित्य में होना इसलिए जरूरी है कि इस दिशा में जो गति दिखाई दे रही है वह नए माध्यमों और उपलब्धियों को जल्दी बासी कर देगी। साहित्य में साहित्य के उपादानों सहित उसके व्यक्त होने की आवश्यकता से इन्कार नहीं किया जा सकता।

समय का एक दिखावटी चरित्र उसकी मर्यादाहीनता में लक्षित हो रहा है—मैं जानता हूं कि मर्यादा की बात करना, एक तरह से दकियानूसी समझी जाएगी, परंतु सामाजिक और साहित्यिक शील का कमतर होते जाना साहित्य की लोकप्रियता में बाधक है। इधर कहानी-उपन्यासों में अश्लीलता की खुली अभिव्यक्ति हो रही है, इससे उसकी सामाजिकता पर विपरीत प्रभाव हो रहा है। प्रेम, रोमांस, सुन्दरता आदि की जीवन में भरपूर जगह है, परंतु इनके नाम पर अभिव्यक्ति की विकृति शायद साहित्य को फिर आम समाज से दूर करेगी। कोई तो सीमा होनी चाहिए।

भाषा के विकास और सम्मिश्रों से कौन इनकार करेगा? पिछले कुछ वर्षों में ही हिन्दी शब्दकोश में अंग्रेजी और दूसरी भाषाओं के सैंकड़ों नए शब्द शामिल हुए हैं। परंतु इधर बाज़ार ने भाषा को अपनी अस्वाभाविक गिरफ्त में ले लिया है। भारतीय भाषाओं के, विशेषकर हिन्दी के समाचार पत्र और टी.वी. इस बाज़ार के संवाहक बन गए हैं। सब जानते हैं कि अब समाचार पत्रों का वह उद्देश्य नहीं रहा है जो आज़ादी के पहले था। धीरे-धीरे अखबारों की व्यावसायिकता बढ़ती गई जो अब चरम सीमा है।

अब अखबारों मे निर्णायक व्यक्ति संपादक नहीं प्रबंधक हो गया है। संपादक प्रबंधन का अंश भर रह गया है। कई जगह तो संपादक औपचारिक या नाममात्र के होते हैं। अधिकतर मालिकों ने संपादक का पद ग्रहण कर लिया है। इन्हें जनता की नब्ज का क्या पता, जिसकी मांग कई बार व्यावसायिकता के विपरीत होती है। दृष्टिहीन प्रबंधकों या मालिको ने अखबार की भाषा को नया अर्थात बाजारू रूप देने के लिए फरमान निकाला कि हिन्दी अखबारों में 40 प्रतिशत अंग्रेजी के शब्द रखे जाएं, यह प्रतिशत बढ़ता गया है। क्या भाषा इस तरह बदलती है? आज इन्होंने हिन्दी भाषा का जो रूप खड़ा किया है वह अंग्रेजी मिश्रित हिन्दी है। इसमें सामान्य शब्द भी अंग्रेजी में लिखने में किसी तरह का कोई परहेज़ नहीं है। खैर अखबार के अपने व्यापारिक हित हैं, पर उनके चलन ने भाषा को भ्रष्ट करने की उनकी इच्छा अराजकता का रूप ले चुकी है। अब तो धीरे-धीरे रोमन लिपि द्वारा नागरी लिपि अपदस्थ की जा रही है। अधिक चिंता की बात यह है कि आज साहित्यकार भी उसी भाषा की नकल कर रहे हैं। संभवतः वह उसे आधुनिकता या नवता का प्रतीक मानने लगा है। भाषा को संवारने, सहेजने और उसके भीतर अर्थ की नई-नई शक्तियां उत्पन्न करने और विकसित करने की सबसे अधिक जिम्मेदारी साहित्य पर ही है, साहित्य में भाषा के इस भ्रंश के प्रति खेद ही प्रकट किया जा सकता है।

इस शती के कोई चौथे-पांचवे दशक से अनेक वाद, विचार आदि आयातित हुए हैं। प्रगतिवाद पर बात हो चुकी है, उसके अलावा अस्तित्ववाद अतियथार्थवाद, आधुनिकवाद, उत्तर आधुनिकवाद, संरचनावाद, उत्तर संरचनावाद आदि नाना वादों ने हिन्दी में प्रवेश किया। यह तो बेहतर हुआ कि हिन्दी के सृजनात्मक साहित्य पर इसका कोई खास प्रभाव नहीं पड़ा। वे केवल सैद्धांतिक बहसों तक ही प्रायः सीमित रहे। इस दृष्टि से रचना की बजाए आलोचना आयातित वादों से अधिक प्रभावित हुई है।

कुल मिलाकर इस समय साहित्यिक परिदृश्य संक्रमण से गुजर रहा

है। नया अपना कदम जमाना चाह रहा है और पुराना भी अब तक उससे जुड़ा हुआ है। लगता है कि नए समय की मांग के अनुरूप साहित्य अपने को नई सार्थकता देगा। युवा रचनाशीलता में प्रखरता, नवीनता है–अगर यह रचना के लक्ष्य और समय पर भी थम कर विचार करे तो आज का साहित्य नई ऊंचाई प्राप्त करेगा।

हमारे समकालीन साहित्य-विमर्श

हमारे समय का प्रमुख विमर्श उत्तर आधुनिकता की धुरी पर खड़ा है। इसी से संरचनावाद, उत्तरसंरचनावाद तथा दलित और स्त्री-विमर्श भी जुड़े हैं, जो आज स्वतंत्र रूप से साहित्यिक विमर्श बन चुके हैं।

उत्तर आधुनिकतावाद पर चर्चा करते ही एक विचार आता है कि क्या यह मात्र एक दर्शन है, या इसके पीछे कोई क्रियात्मक प्रतीकीकरण काम कर रहा है? क्योंकि आमतौर पर अवधारणा, व्यवस्था या तंत्र को किसी तार्किक आधार की जरूरत होती है, ताकि उसे बौद्धिक और मानसिक खुराक व समर्थन मिले। लगता है 'भूमंडलीकरण' की इस जरूरत को उत्तर आधुनिकतावाद ने पूरा किया। दोनों में जो अद्‌भुत समानता है वह अप्रत्याशित संयोग नहीं हो सकती। कहा जा रहा है कि एक अंतरराष्ट्रीय विचार और दूसरा अंतरराष्ट्रीय बाजार है, जबकि पहला अमेरिका और चंद यूरोपीय देशों का विचार और दूसरा बाजार है। दोनों ही मनुष्यता के वर्तमान और भविष्य होने का दावा करते हैं, जबकि ये इन्हीं देशों का 'वर्तमान' और 'भविष्य' हैं। भीमकाय प्रचार-तंत्र, सेटेलाइट, कम्प्यूटर, इंटरनेट सब इनका दबाव बनाने में व्यस्त हैं, ताकि उत्पाद की 'गुणवत्ता' को प्रचार की 'बहुलता' से विस्थापित कर सकें और ग्राहक बुद्धि को सम्मोहन में ऐसा कसें कि जांच-परख, चयन, आवश्यकता, परिवेश, प्राथमिकता, क्रय-शक्ति-सबको

भूलकर वह इनकी गुलाम हो जाए।

आधुनिकता की तार्किकता; बौद्धिकता, वैज्ञानिक दृष्टि, यथार्थ-चेतना और लौकिकता की जगह उत्तर आधुनिकतावाद तंत्र-मंच-टोटके, मिथक, फैंटेसी, शून्यवाद, देसीवाद, जड़ों की ओर वापसी का नारा दे रहा है और कह रहा है कि आदमी की वापसी उसी सहजता की ओर होनी चाहिए, जिस सहजता से उसने आदिम जीवन प्रारम्भ किया था। परंतु उसकी वैज्ञानिक, इलेक्ट्रानिक और औद्योगिक गतियां कुछ दूसरा ही कहानी कहती हैं। यदि संसाधन एवं यात्रा की दिशाएं कुछ और हों, और विचार की दिशा कुछ और फिर भी उनमें भीतरी तालमेल हो, तो यह बाहरी विसंगति अनजाने पैदा नहीं हुई है, बल्कि यह दो दुनियाओं के बीच फासला बढ़ाने की सुनियोजित प्रविधि है। यानी बहुजन लौट जाएं जड़ों की ओर, अपनी आदिमता में, और अल्पसंख्यक फलें का स्वाद लें, रस पिएं। फर्ज कीजिए कि यह विचार पूर्व से आया होता तो क्या कहा जाता—मूलगामी, दकिनानूस, पोंगा-पुराण, लेकिन यह वहां से आया है जहां से आधुनिक यंत्र, विज्ञान और विचार आते हैं जिनकी गिरफ्त में हम पूरी बीसवीं शती में रहे और आज भी हैं। हैरत है कि हमें उन्हीं मुद्दों पर, उसी शैली में विमर्श करना पड़ता है जो हमें थमाए जाते हैं। उत्तरआधुनिकता पर भी हम उसी सुर में सुर मिला रहे हैं, उस खाई को भूलकर जो विचार और व्यवहार के दो ध्रुवांतों से लगातार चौड़ी की जा रही है। उदाहरण के लिए जो लोग आदिवासियों की मूल संस्कृति के नष्ट होने से डरे हुए हैं, उसे बचाना और सहेजना चाहते हैं, उनसे पूछना चाहिए कि इतनी ही चिंता आप अपनी मूल संस्कृति की क्यों नहीं करते? आदिवासियों के झोपड़े, लिपे हुए आंगन, अर्द्धनग्न वेशभूषा, दस-दस किलो के चूड़े-हसली, भूखे पेट नाच-गाने तो बचे रहें, लेकिन आप उन तमाम सुविधाओं को भोगें जो आधुनिकतम साधनों ने मुहैया की है! आदिवासियों की संस्कृति बचाने से अधिक आवश्यक है उनका जीवन बचाना, उन्हें उन्नत करना, अपने बराबर बिठाना, मगर ये परेशान है कि उनकी संस्कृति नष्ट हो रही है। जड़ों

की ओर वापसी की गुहार ऐसी ही बहुराष्ट्रीय परेशानी है।

उत्तर आधुनिकतावाद और भूमण्डलीकरण दोनों के मूल में असली-नकली का भेद मिटाने और 'कर्ता' को गौण बनाने की गुप्त संधि है। मुक्त बाजार के कोलंबस ऐसे देशों और भूमियों की खोज में निकल पड़े हैं जो कच्चा माल, संसाधन और श्रमिक तो सस्ते दें, लेकिन स्वामित्व से वंचित रहें। बहुराष्ट्रीय कम्पनियों के द्वारा लाई जा रही यही मुक्त अर्थव्यवस्था है। दिखावटी विकेंद्रीकरण के तल में बैठा संकेंद्रण, दुनिया भर को बंदरघुड़की दे रहा है, यहां तक कि अपने पास शस्त्रों का जखीरा रखकर, दूसरे देशों से उनकी रक्षा का अधिकार छीनने के लिए आर्थिक प्रतिबंधों की धौंस देता है, लेकिन उन उद्योगों को वापस नहीं लेता, जिनमें उसके स्वार्थ निहित हैं। यह आर्थिक सत्ता पुरानी सैनिक और राजकीय सत्ता का 'उत्तर उपनिवेशवादी' चेहरा है।

उत्तर आधुनिकतावाद मनुष्य में लगातार 'फीड' कर रहा है कि साहित्य, लेखक और इतिहास मर चुका हैं जो कुछ है पाठ है, वस्तु भी नहीं, जैसा पूर्ववर्ती अर्थ-विज्ञान मानता था। यहां इस तथ्य की ओर इशारा करना जरूरी है कि संरचनावाद जिसे उत्तर आधुनिकतावाद की भूमिका कहना चाहिए संकेतक और संकेत के समुच्चय यानी शब्दार्थ की एकता 'शब्दार्थौ सहितौकाव्यम्'--भामह) पर जोर देता है वह इस वैचारिकी में न केवल लांका, रोलां बार्थ और फूको, बल्कि ज़ाक देरीदा भी शामिल हैं, जो (देरिदा) स्वयं आगे चलकर इसी के विरोध में उत्तरसंरचनावाद खड़ा करते हैं। यह किसी संरचना की नहीं विखंडन और अविरचना की सैद्धांतिकी है। यह एक ऐसी वस्तुनिष्ठ, निर्वैयक्तिक परंपरा का निषेध है जिसपर भारत का वक्रोक्ति सिद्धांत ही नहीं पश्चिम की दीर्घकालीन साहित्यिक भाषिकी भी आधारित है। कहना न होगा कि उत्तर संरचनावाद का विखंडन या पढ़त सिद्धांत (De-Construction) उसमें बाहुल्य के बहाने एकिक विकास के विरुद्ध है। शायद भूमंडलीकरण की यही जरूरत थी। क्योंकि भाषिकी विखंडन समस्त विखंडनों का प्रतीक है, जैसे निराला ने छंद की मुक्ति को

मानव-मुक्ति का पर्याय कहा था। यह नहीं समझा जाना चाहिए कि संरचनावाद और उत्तरसंरचनावाद पूर्वापर हैं लगभग समानान्तर चलती दोनों भिन्न अवधारणाएं हैं। यह सोचना चाहिए कि ऐसी स्थिति में उत्तर आधुनिकतावाद ने संरचनावादी समुच्चय को स्वीकार न कर विखंडन को क्यों चुना? इससे भी स्पष्ट है कि उसकी दिलचस्पी उस संरचनात्मक ऐकिकता में नहीं, विखंडन में है जो भूमंडलीकरण का भी निहित प्रयोजन है।

उत्तरआधुनिकता ने साहित्य या किसी भी अनुशासन की मौलिकता को नष्ट करने के लिए 'पाठ' का अनुसंधान किया है। रचना ही नहीं, गैर रचना भी पाठ है। डॉक्टरी नुस्खे, कामशास्त्र, बीजगणित और कविता सब यक्सां पाठ है। लगता है इसका छद्‌म अंततः विज्ञापन को रचना के समकक्ष 'पाठ' घोषित करना है, जिसे बिंबवादियों ने बहुत पहले खारिज कर दिया था। शायद वे इस खतरे को भांप गए थे कि विज्ञापन मनुष्य की भावात्मक और बौद्धिक चेतना को घेरने की कोशिश करेगा।

उत्तर आधुनिकतावाद की निगाह में हर किसी के द्वारा की गई पाठ की अविरचना एक 'स्वतंत्र पाठ' है और कोई भी पाठ अच्छा या बुरा अथवा कम-ज्यादा महत्त्व का नहीं है–जैसे रचना मेज पर पड़ी कोई मूर्छित मेढ़की हो जिसकी कोई भी, कैसे भी चीर-फाड़ कर सकता है! रचना में से लेखक का प्रयोजनमूलक, भावमूलक, साधनामूलक अस्तित्व समाप्त करना, भूमण्डलीकरण द्वारा 'कर्ता' को समाप्त करने की चेष्टा का बौद्धिक संस्करण है। लेकिन उत्तर आधुनिकों का कहना यह है कि वह इस तरह बद्धतामूलक संहिताओं का विरोध करके 'साम्राज्यवादी एकाधिकारवाद' को चुनौती दे रहे हैं। अगर ऐसा है तो यह चुनौती कब नहीं दी गई? रचना को 'पाठ' कब नहीं माना गया? क्या संसार-भर में कृतियों के युग-युग से इतने विवेचन-विश्लेषण यूं ही हो गए? और अगर राजशेखर 'काव्य मीमांसा' में कह चुके हैं कि अनेकार्थ सार्थ : (वह प्रतीयमान अर्थ अनेक-निस्सीम-होता है।) अर्थ को अनेक रूपों

में देखने को विखंडन कहें तो अकेले मल्लिनाथ ही काफी है। परंतु हां, विवेचन और विश्लेषण रचना से इतने निरपेक्ष कभी नहीं रहे। व्यंजना की ऊंची से ऊंची उड़ान भरने के बावजूद उसका एक सिरा अभिधा के पास अवश्य होता है, जैसे अनंत में उड़ती पतंग के धागे का एक सिरा या उपग्रह का कोई नियंत्रण कक्ष जमीन पर होता है। आलोचना के 'बहुवचन' से भी कभी इनकार नहीं किया गया। कविराज विश्वनाथ ने जब यह कहा कि आलोचना के वे ही लक्ष्य हैं, जो कविता के हैं, तो वे यही कहते हैं यदि कविता अर्थबहुल और भावबहुल है तो आलोचना भी होगी ही। फिर भी वे स्वाधीनता और अराजकता में भेद करते थे। आनंदवर्द्धन का *'अनंताहिवाग्विकल्पः'* और उत्तर आधुनिकों के पाठ की अनेकांतता में इस भेद को पहचाना जा सकता है। सब प्रकार के अनुशासनों और मानकों से मुक्ति की इस अंतर्क्रिया से, अन्त में तो मनुष्य के अंतःसंबंध और परस्परता ही विखंडित होती है–यानी वे सूत्र टूटते हैं जो मनुष्य को मनुष्य से जोड़ते हैं।

परम्परा में और शायद उत्तर आधुनिकतावाद के पहले तक आलोचक से बहुत-सी अपेक्षाएं की जाती थीं, आलोचक सुपरिभाषित था परंतु यहां आकर वह अपरिभाषेय हो गया है, क्योंकि हर कोई आलोचक हो गया है। हर व्यक्ति का पाठ जब स्वतंत्र, आत्मगत और चुनौती से परे होगा तो आलोचक के क्या मानी रहेंगे और आलोचना की विश्वसनीयता कहां रहेगी, क्योंकि विश्वसनीयता कभी आत्मपरक नहीं होती, उसकी जड़ें जन, संस्कृति और भाषा में होती हैं, और विभिन्नता के बावजूद किसी भीतरी विवेक, अवधारणा, अनुभूति या ज्ञान से जुड़ी होती है। इस मौलिक जुड़ाव या बुनाव पर ही पाठ का आक्रमण है। प्रयोग के बहाने किसी रचना को दस आलोचकों को देकर यह रहस्य उद्घाटित करना कि दसियों की व्याख्याएं एक-दूसरे से भिन्न, यहां तक कि परस्पर विरोधी हैं, लेकिन न तो हम किसी को अस्वीकार करेंगे और न न्यूनाधिक महत्त्व देंगे तो क्या ये व्याख्याएं सिर्फ इस जानकारी के

लिए कराई गई थीं कि आलोचक बुद्धि कितनी तरह से आत्मनिष्ठ स्वेराचर कर सकती है? अगर सब धान बाईस पसेरी है तो आलोचक की साधना और विशेषज्ञता का क्या अर्थ है? यह ऐसी समानता है जो चींटी को भी एक दाना देती है और हाथी को भी। क्या इस तरह उत्तर आधुनिकतावाद आलोचक को दोयम स्थिति से उबारकर उसे रचनाकार के समकक्ष रख रहा है या रचनाकार की तरह आलोचक का अंत सुनिश्चित कर रहा है? ठीक वैसे ही जैसे 'भूमण्डलीकरण', विशेषज्ञता को मशीनों में डालकर 'कर्ता' को अनावश्यक बनाने की कोशिश में लगा है, ताकि स्वामित्व की अधिनायकी, बिचौलिए और एजेंटों को संचालन सौंप सके।

उत्तरआधुनिकता में आलोचक को जिस महिमामयी शब्दावली से मंडित किया गया, उसे दोयम स्थिति से उबार कर विमर्श के लिए एक खुला आकाश देने का दावा किया गया, उसकी विडंबना यह है कि उसे केवल 'अर्थ का निर्माण' करना है और विखण्डन द्वारा निर्माण की प्रविधि तक पहुंचना है। लेकिन सभी नियमन केंद्रों, सौंदर्यशास्त्रीय मानकों को अस्वीकार करने के बाद किसी भी प्रविधि तक कैसे पहुंचा जा सकता है?

फिर प्रश्न यह भी है कि समस्त प्रतिमानों को छिन्न-भिन्न और विखंडित करने का मकसद क्या हो सकता है, सिवाय इसके कि प्रचार-तंत्र द्वारा स्थापित 'बेस्ट सेलर' की सर्वोपरिता को सौंदर्यशास्त्र तथा सृजनात्मक श्रेष्ठता के तर्कों द्वारा चुनौती न दी जा सके। इसका स्वाभाविक परिणाम यह होगा कि प्रचार युद्ध के द्वारा अविकसित और अर्ध विकसित देशों के साहित्य, भाषा और अर्थ-तंत्र को ध्वस्त किया जाएगा, और विजय की इच्छा को ही कुंद कर दिया जाएगा। इसके लक्षण भी दिखने लगे हैं। आखिर परस्पर विरोधी विचारों के देश भी अब इस बात पर एकमत क्यों हो गए हैं कि भूमंडलीकरण उन्नति का एकमात्र मार्ग है और बुद्धिजीवी इस बात पर कि उत्तर आधुनिकतावाद अपरिहार्य आधुनिकतम विचार है? यह कैसा खुला 'बाजार' और

बहुलतावादी 'विचार' है जिसमें वैकल्पिक मार्ग ही न हो, और जो स्वामियों के हित की बन्द गली में जाकर समाप्त हो जाता हो?

इसी तरह तंत्र-मंत्र, मिथक, शून्यवाद आदि पर इतना जोर देने का उत्तर आधुनिक अर्थ भी समझना आवश्यक है। क्योंकि आज विज्ञान ने अनेक असंभवों को संभव कर दिखाया है, रोबोट और रोबोनेट के बाद अब वह मानव-मस्तिष्क बनाने में जुटा है। ऐसी स्थिति में क्या मनुष्य उसका सामना मिथक और फैंटेसी की दुनिया के सहारे कर सकेगा, जिसे संगणक के मिथकीय परिणाम काफी पीछे छोड़ चुके हैं? तब मानवीय कल्पना और चेतना को ऐसी बातों की ओर क्यों धकेला जा रहा है? क्या अपनी महान दैवीय और आसुरी शक्तियों का लोहा मनवाने के लिए या यह कहने के लिए कि जो अब तक अतिकल्पनाओं, मिथकों और जादू-टोनों तक सीमित था उसे हमने साकार कर दिया है?

उत्तर आधुनिकता का एक सामाजिक पक्ष भी हैं। उसने नारीवादी और दलितवादी आंदोलन का नारा दिया है। कहा जा रहा है कि उपलब्ध सौंदर्यशास्त्र भद्रजनों का सौंदर्यशास्त्र है, जिसका केंद्र हाशिये पर पड़े (सबाल्र्टन) जन-समूहों के पक्ष में बदलना होगा। यह एक अच्छा विचार है। परंतु जब यह वाद किसी सौंदर्यशास्त्र की अवधारणा को ही स्वीकार नहीं करता, विवेचना की न्यूनाधिकता पर भी विचार नहीं करता, तब किसका केंद्र बदला जाएगा? और जहां प्रविधि या शास्त्र होगा वहां किसी न किसी अर्थ में मानकीकरण तो होगा ही। दूसरा प्रश्न यह है कि अगर उपलब्ध सौंदर्यशास्त्र भद्रजनों का है तो समाजवादी सौंदर्यशास्त्र के बारे में उत्तरआधुनिकतावाद की क्या टिप्पणी है? तीसरा प्रश्न यह है कि विखंडन पर आधारित उत्तर आधुनिकतावाद का नया सौंदर्य-शास्त्र या दलित समूहों (जिनमें स्त्री भी शामिल है) को अलग-थलग करने की कोई प्रविधि तो नहीं है? भारत के संदर्भ में यह प्रश्न अधिक प्रासंगिक है क्योंकि यहां स्त्री और दलित आंदोलनों का एक गतिशील और सार्थक इतिहास सामाजिक समग्रता

में ही विकसित हुआ है। भारत में बीसवीं शती के प्रारंभ में स्त्रियों का पर्दे से बाहर निकलकर स्वाधीनता आंदोलन में कूद पड़ना, रूढ़ियों के विरुद्ध खड़े होना, शिक्षा और उद्यम के क्षेत्र में सहभागी होना, या अछूतों, दलितों और किसानों का आंदोलन करना और बिना पुरुषों के या अन्य समूहों के समर्थन और संघर्ष के संभव नहीं था। वर्जनाओं की अभेद्य दीवारें तोड़ने में इनकी भागीदारी और आहुति कम महत्त्व की नहीं है। गांधी, अम्बेडकर, ज्योतिबा के साथ ही भारत के बुद्धिजीवियों, कलाकारों, रचनाकारों द्वारा दलितों के लिए सामाजिक ही नहीं, राजनीतिक बौद्धिक, भावानात्मक और आर्थिक स्तर पर भी संघर्ष किया गया, जो आज भी जारी है। फिर उत्तर आधुनिकतावादी आंदोलन में नया क्या है? शायद यह कि इसे उसने अलग से रेखांकित किया, परंतु दूसरी ओर उसने क्या स्त्री और दलित को अपने बूते पर लड़ने के लिए अकेला नहीं छोड़ दिया और बाकी वर्गों को दलित और स्त्री-विरोधी खाते में नहीं डाल दिया? जबकि आज भी स्त्री और दलित का जागना जितना जरूरी है उतना ही यह भी कि पूरा समाज उनके लिए संघर्ष करे। स्त्री को स्त्री में और दलित को दलित में केंद्रित कर, तमाम सहयोगी और समानुभूतिशील आंदोलनों को संशय में बदल देना कोई बुद्धिमानी तो नहीं। आज वर्ग-भंजक और लिंग-भेद विरोधी आंदोलनों में शामिल लोगों तक को अपराधियों की पांत में खड़ा कर दिया गया है। सामाजिक सक्रियता की बहुविध उपस्थिति मिटा देने से इन (दलित और स्त्री) वर्गों का अलग किस्म का शोषण करने की छूट निहित स्वार्थों को मिल गई है। आज ये विज्ञापन, प्रचार और फैशन में तबदील कर दिए गए हैं और समझने लगे हैं कि सिर्फ स्त्री पर कविता लिख कर, रचनाओं में ग्रामीण शब्दों के पैबंद लगा कर और अपने सजे ड्राइंगरूम में चटाई का टुकड़ा लटका कर वे विचार की दुनिया में कोई महान बदलाव ला रहे हैं! दरअसल इसी तरह के फैशनेबुल विमर्श को लें तो उसकी विसंगति यह है कि यह विचार अपने मूल में तो हमारे संवेदन और मनुष्यता को छूता है, लेकिन जिस प्रकार की

जीवन प्रणाली और स्थिति से जन्म लेकर यह हमारा 'विमर्श' बना है, उससे सहस्राब्दियों से संजोयी संवेदना और मानवीयता पर प्रश्नचिन्ह लग गया है। तात्पर्य यह कि उत्तरआधुनिक स्त्री विमर्श ने जिस समाज से प्रेरित होकर जन्म लिया है, वह स्वयं एक विखंडित समाज है। पाश्चात्य देशों का पारिवारिक जीवन क्या है, एक खंडित इकाई! जहां बूढ़े उदास, सूना जीवन बिताते हैं, वहां बच्चे तक अक्सर दो हिस्सों में बंटे हैं–वे जिन्हें हम पूरे समाज को जोड़नेवाली सबसे भावनामयी, सबसे मजबूत कड़ी मानते हैं; वहां युवा पति-पत्नी जब शाम को घर आते हैं तो यह ठिकाना नहीं रहता कि सुबह वे पति-पत्नी की तरह ही घर से निकलेंगे। ऐसे व्यक्ति केन्द्रित विच्छिन्न समाज से विखंडनवादी विचार ही जन्म लेगा। यह विखंडन स्त्री-विमर्श को व्यक्तिवादी अहम् के लैंगिक समूहन में बदलता है जो समाज में स्त्री को एक खंडित इकाई में तब्दील करता है। स्त्री का लिखा हुआ साहित्य ही स्त्रीवादी, स्त्री के पक्ष में हो सकता है यह साहित्य का अतिसरलीकरण है। सहस्त्राब्दियों से भारत में स्त्री के पक्ष में, उसे केन्द्र में रख कर, उसके प्रति गहरी संवेदना से भरकर उसके सौंदर्य को प्रतिमान मानकर अनेक श्रेष्ठ कृतियां लिखी गई हैं। यह विचार अपने आप में सर्जनात्मक प्रतिभा, संवेदनात्मक विस्तार और उदात्तता के प्रति घोर असहिष्णु है और स्वयं वह निधि खो देता है जो उसके खाते में लिखी है। स्त्री के द्वारा अपनी विशिष्ट अनुभूति और पीड़ा की अभिव्यक्ति और उसकी अद्वितीयता से कौन इन्कार करेगा, लेकिन समानुभूति और सदाशयता के माध्यम से महान रचनाकारों ने जो स्त्री-रचनाएं की हैं, उनको खारिज करना अपने पैरों पर ही कुल्हाड़ी मारना है। स्त्री को उस इतर लैंगिक समाज को भी अपने पक्ष में खड़े होने और एक साझा लड़ाई को प्रेरित करना होगा और जो इस दिशा में प्रयत्नरत हैं उन्हें ताकत देना होगा।

यहां किसी समाज पर टिप्पणी करना हमारा उद्देश्य नहीं है परंतु यह कहना जरूरी है कि पश्चिम में स्त्री-विमर्श की कुंठाएं और

उद्वेलन अलग रहे हैं, उनके अनुकरण से भारतीय स्त्री-विमर्श को बल नहीं पहुंचेगा। पाश्चात्य धर्म-संहिता को शताब्दियां लग गई यह स्वीकार करने में कि स्त्री में आत्मा होती है, जबकि महाभारत में स्त्री (उमा) द्वारा पूछने पर बताया जाता है कि आत्मा निर्विकार है उसमें न स्त्रीत्व है न पुंसत्व; यानी वह सब में है। इसी तरह (ईविल' शब्द पर भी गौर करें जो प्रतीक रूप में स्त्री को इस कदर पापिनी घोषित करता है कि उसके लिए एक शब्द ही इजात कर लेता है। वहां विवाह के प्राचीन नियम देखें कि स्त्री को कहां रखा गया है। यदि स्त्री की स्वाधीनता और मुक्ति को ही लें तो औद्योगिक, वैज्ञानिक उन्नति और सभ्यता का दावा करने वाले इग्लैंड में 1928 तक स्त्री को मत देने का अधिकार नहीं था। स्वप्न नगरी, चरम उन्नत स्विट्ज़रलैंड में 1971 में स्त्री को मत देने का अधिकार मिला। इतिहास के लंबे दौर में, सभ्यता में अग्रणी देश और समाज जब स्त्री को इस तरह पीछे धकेलता है तो उसकी प्रतिक्रिया ऐसे ही विमर्श में हो सकती है जिसमें स्त्री, अपने व्यक्तित्व अपनी रचना और अपने पैरों के अलावा किसी पर भरोसा ही न करे। परंतु भारत जिसे पश्चिम अविकसित या विकासशील मानता है स्त्री सम्मान और स्त्री अधिकारों में उससे आगे है और अगर यहां स्त्री पिछड़ी है तो उसी परिणाम में जिसमें स्वयं समाज पिछड़ा है।

स्त्री-विमर्श के इस आयातित रूप ने खुद भारतीय स्त्री को विखंडित कर दिया है। सारे विमर्श उन संभ्रांत, पढ़ी-लिखी स्त्रियों के बीच सीमित हैं जो पहले से ही स्वाधीन, उन्नत और बराबरी के अधिकारों से लैस हैं। इसने उन स्त्रियों को लगभग छोड़ दिया है जिन्हें स्वाधीनता और सशक्तीकरण की वास्तविक जरूरत है। भारतीय स्त्री विमर्श के भीतर लोक एवं ग्रामीणजीवन, अशिक्षा और जातीय स्तरों पर शोषित पीड़ित स्त्री के बारे में गहन विमर्श की जरूरत है। कुल मिलाकर भारतीय स्त्री-विमर्श साहित्य और जीवन में भी स्त्री की गैर बराबरी के विरुद्ध एक ऐसा साझा विमर्श और युद्ध हो सकता है जिसमें पूरे जाग्रत समाज का योगदान हो।

यही बात दलित विमर्श के बारे में भी है जो अपने विद्रोही, क्रुद्ध और जुझारू तेवर में यह भूल जाता है कि उसे सबसे पहले दलितों के भीतर जातीय भेदों को खत्म करना है। आदिवासियों और जनजातियों के लिए दलित विमर्श में बहुत कम जगह है। कई अचीन्हे कबीलों की सुध नहीं ली जाती न अपराधी घोषित की गई जनजातियों के बाजू में वह खड़ा होता है। स्त्री-विमर्श की तरह दलितों द्वारा लिखा साहित्य ही दलित साहित्य कहलाएगा, ऐसी विभेदात्मक बातों से शोषितों, दलितों के पक्ष में लिखे तमाम साहित्य और संघर्षशील लोगों के अवदान को नकारने से भी दलित आंदोलन को चोट पहुंचेगी। भारत के लिए एक विखंडनवादी दलित आंदोलन और दलित विमर्श की नहीं एक साझा संघर्षशील दलित विमर्श की जरूरत है जिसकी दृष्टि व्यापक हो।

यह गौर करना चाहिए कि प्रचार-तंत्र 'वैज्ञानिक-तकनीकी 'इलेक्ट्रानिक माध्यम मनुष्यता के साथ कैसा बर्ताव कर रहे हैं! टीवी के पर्दे पर किनकी दैनंदिनी दिखाई जाती है? द्वंद्व, अंतर्द्वंद्व, स्मगलिंग, उत्तराधिकार, चालाकियां, जमीनों और कॉलोनियों की खरीद-फरोख्त, भव्यता, अपराध, हत्या, जासूसी, धर्म-कर्म, पूजा-पाठ, अंततः किनके जीवन को दृश्यांकित कर रहे हैं? और विज्ञापनों को देखकर क्या यह नहीं लगता कि सामान्य स्त्री-पुरुष, गरीब, अपाहिज या 'हाशिये पर पड़े लोग' दुनिया में बचे नहीं हैं या उनकी कोई समस्या ही नहीं है? उत्तर आधुनिकतावादी विचारों को उनके इन समानधर्मा कार्य-व्यापारों के संदर्भ में भी देखना चाहिए जिन्होंने हमारी तमाम मानवीय समस्याओं को हाशिये पर धकेलकर विज्ञापनी दुनिया को केन्द्र में ला बिठाया है।

एक विचार यह आता है कि क्या नई शती में भी हम बीसवीं शती की तरह ही विदेशी विमर्शों को ढोते रहेंगे! क्या हमारे अपने विमर्श और अपनी दृष्टि अब भी एक पराधीन मानसिकता की शिकार रहेगी। एक ज्वलित जाग्रत देश में अपनी मौलिकता और देशकाल की अपनी चेतना पैदा होना आवश्यक है।

हिन्दी भाषा और साहित्य : दृश्य और दृष्टि

अपनी शती की ओर हम कई संभावनाओं, आशंकाओं, और प्रश्नों से देख रहे हैं। ये प्रश्न विज्ञान, विचार, राजनीति, अर्थशास्त्र, जाति, धर्म, पर्यावरण, सूचना प्रोद्योगिकी, कला, संस्कृति हमारी मिट्टी, हमारी जनता से जुड़े हैं और ये सभी चीजें साहित्य से जुड़ी हैं-क्योंकि इन्हीं सब तत्त्वों और उपादानों से साहित्य अपना कथ्य और प्राणवायु ग्रहण करता है। आचार्य भामह ने बहुत पहले जो कहा था वह आज भी सत्य है:

न स शब्दो न तद् वाक्यो न सा विद्या न सा कला।
जायते यन्न काव्यांगं अहोभार: महान् कवे:।।

कोई शब्द, कोई विद्या, कोई कला, कोई विचार, कोई अनुभव, कोई दर्शन ऐसा नहीं होता जिसका समावेश साहित्य में न हो सकता हो। शायद इसीलिए सदैव साहित्यकार से यह अपेक्षा की जाती है कि वह विभिन्न ज्ञान-विज्ञानों, कलाओं, अनुशासनों समय के स्पंदनों से जुड़ा रहे। सच्चे लेखक की यही श्रम साधना है, 'साधु संग्राम' है जो तीव्रतर होता जा रहा है, क्योंकि ज्ञान और जीवन के जटिल व्यापारों का अत्यधिक विस्तार निरंतर हो रहा है।

आज भूमंडलीकरण और नव उदारवाद की आंधी चली हुई है। अधिकांश विश्व के सामने प्रश्न यह है कि वह इसे चुनौती मानकर

इसका सामना करे या इसके अनुरूप अपने को ढाले! क्योंकि यह कहा जा रहा है कि यह आगामी विश्व की अनिर्वायता है, परंतु इसकी अंतर्वस्तु आर्थिक उपनिवेशवाद है। आशंका होती है कि संकट के जिन दौरों से गुजरकर मनुष्य ने अपनी स्वाधीनता पाई है और राजनीतिक उपनिवेशवाद के बियाबान को पार किया है कहीं वह पराधीनता पुनः बाजार के अदृश्य और लुभावने मार्ग से आ तो नहीं रही है? यह सिंह है जो मृग-मुद्रा में चला आ रहा है जो सिंह मुद्रा में आए सिंह से ज्यादा भयावह है। राजनीतिक स्वाधीनता के दौर में और बाद में भी कहा गया कि सच्चा स्वराज्य तो मानसिक स्वराज्य है। जबकि हमारा आर्थिक, नैतिक और राजनीतिक क्षेत्र ही नहीं हमारा मानस भी बाजार की रेशमी गिरफ्त में है। परिणामस्वरूप आज तीसरी दुनिया की सारी वैज्ञानिक, तकनीकी, सर्जनात्मक ऊर्जा समाप्त हो गई है, वह अनुवादक और अनुकर्ता हो गई है। क्या इसी को वैश्वीकरण कहेंगे? ऐसे में साहित्य का गंभीर उत्तरदायित्व है कि वह जीवन के भीतर तक घुस आए बाजारवाद के प्रति जनता को सावधान करे।

ऐसा भी नहीं कि हम बौद्धिक पराधीनता से मुक्त हो रहे हैं। क्या आजादी के बाद से आज तक हम सबकुछ पश्चिम से लेते नहीं रहे हैं? साहित्य का या उसे लाभान्वित करने वाला एक भी ऐसा विचार हमारे देश में नहीं जन्मा जिसे हम अपना कह सकें। आर्थिक और वैज्ञानिक आदान के लगातार बढ़ने की चिंता करते हुए हमने कभी आत्मनिर्भर होने का विचार किया था, नवीन अन्वेषण के लिए युवा वैज्ञानिकों, इंजीनियरों का एक विशाल दल खड़ा करने की कोशिश की थी, परंतु शायद अधूरे मन से किए गए ये कार्य केवल एक विशाल मानव समुदाय के निर्यात का माध्यम बनकर रह गए। हम देख रहे हैं कि हमारे ये ही वैज्ञानिक, इंजीनियर, चिकित्सक आदि आज विश्वभर में छाए हुए हैं, परंतु देश उनके अवदान से वंचित हो गया है। खैर इसकी बड़ी हानि हमको यह झेलनी पड़ी कि हम किसी भी क्षेत्र में कोई नई आविष्कृति नहीं कर सके। इसी प्रवाह में हम अपनी

अस्मिता, आत्मनिर्भरता और आत्मभिव्यक्ति की भाषा भी भूलते जा रहे हैं और मौलिक सर्जनात्मकता को भी। हमारा कुछ साहित्य तो विदेशी विचारधाराओं के उदाहरण का काम दे रहा है। इससे दुखदाई बात क्या होगी?

ठीक है कि भारत का एक सम्पूर्ण वैभवशाली अतीत रहा है। ज्ञान-विज्ञान-दर्शन-साहित्य-कला-विचार के क्षेत्र में इसकी उपलब्धियां कमाल की थीं; लेकिन आज के ज्ञान-विज्ञान-संचार-शक्ति के स्रोत या परिणतियों में भारत की प्रत्यक्ष भागीदारी बहुत कम रही। इसे यदि हम अपनी अस्मिता बनाए रखने के अभिमान की तरह लें तो वह हमारा इतिहासाभिमान ही होगा, जबकि स्वयं के अर्जित नवीन को हम जब तक मंच पर नहीं उतारते या कोई अपूर्व रंग-सृष्टि नहीं करते, तब तक वर्तमान हमारा नहीं होगा, भले ही हम वर्तमान में हों। उपनिषद् का यह कथन भारत जैसे प्राचीन देश के लिए सटीक है कि जो करना है उसे याद करो और जो कर चुके हो उसे भूल जाओ- 'कृतं स्मर। कृतो स्मर।' क्योंकि हम जब सृजन संकल्प में होते हैं तब अतीत तो बिना स्मरण किए ही हमारी शक्ति बन जाता है। क्या सौ साल के भीतर ही कोई भाषा और साहित्य बिना आनुवंशिक शक्ति के उस जगह खड़ा हो सकता था, जहां आज हिंदी है? इस अंतर्निहित शक्ति के बल पर अब भी हम अपनी काट और स्वभाव की विशिष्ट आधुनिकता रच सकते हैं।

मुझे लगता है कि भारत का एक ऐसा मौलिक दर्शन या विचार, संसार के सामने आना चाहिए जो न सिर्फ हमारे समय की समस्याओं और प्रश्नों का उत्तर दे सके, वह भारतीय प्रवृत्ति और उसकी गतिमान मूर्धा की मौलिक अभिव्यक्ति हो, जो साहित्य, समाज, दर्शन, इतिहास, राजनीति, आदि में एक नई ऊष्मा भर दे। वह विचार भारत की सामासिकता, उसके मूल्य और उसके अंतर्सबंधात्मक बोध से निसृत हो सकता है। गत शती का प्रतीक अंततः एक विखण्डन में प्रतिफलित हुआ था। हम एक ऐसा एकात्म, विविधता की रक्षा करते हुए भी

अंतर्संबंधों से पुष्ट दर्शन बना सकते हैं जिसमें गांधी के 'हिंद स्वराज' की आत्मा का निवास हो। हम प्राय: अंतर्संबंधों की चर्चा करते रहे हैं परंतु वह मुख्यत: भेदमूलक रही है, जिसके बहाने 'संबंध' से अधिक 'अंतर' दर्शाए गए हैं। जबकि हमारी मूल खोज समावायी तत्वों की खोज होना ज्यादा सटीक होगी और अनुकूल भी। हमने देखा कि पश्चिम का भूमंडलीकरण हो या साम्यवाद, अस्तित्ववाद हो या उत्तर संरचनावाद-सबके मूल में विखंडन, विच्छेद, वर्ग और वैशिष्ट्य है। भारत की उच्च कोटि की विभिन्न अनुशासनों की मेधाएं यदि एक साथ बैठकर कोई ऐसा दर्शन, आविष्कृत करें तो वह निश्चित ही विश्व के सम्मुख उपस्थित आतंक, विनाश, युद्ध, द्वन्द्व, औपनिवेशिकता के विरुद्ध दूसरे और तीसरे विश्व का एक महत्वपूर्ण प्रस्थान होगा।

वैसे तो समय संक्रांत ही रहता है और यदि कभी वह ऊपर से स्थिर दिखाई भी देता है तब भी उसके भीतर तरह-तरह के आलोड़न-विलोड़न चलते रहते हैं। जैसे धरती की भीतरी प्लेटों या परतों में। वर्तमान समय को यदि हम एक शब्द से प्रतीकीकृत करना चाहें तो वह है 'गति'; परंतु हमारा समय तीव्र संक्रमण का काल है। आमतौर पर जहां तेज संक्रमण होता है, वहां दिशाबोध लुप्त या धूमिल हो जाता है। हमारे समय की सबसे बड़ी चुनौती गतिशील समय में दिशा-बोध पाने की है। वरना हम भागे चले जाएंगे, हमें पता ही नहीं चलेगा कि हम कहां जा रहे हैं, हमे कहां जाना है, हमारा लक्ष्य क्या है? सबकुछ हड़बड़ी में बनता-बिगड़ता चला जाएगा।

यदि समय की गति इतनी तेज है और साहित्य को अपने चरित्र के अनुरूप अग्रगामी होना है तो उसे समय की नब्ज पर उंगली रखना होगा, वरना उसकी अपील समाप्त हो जाएगी। प्रश्न यह है कि क्या हिंदी सहित भारतीय भाषाएं तत्परता और व्यग्रता से आधुनिकता को रचनात्मकता दे पा रही हैं? किसी भाषा का कोई तेवर हो, रंग हो, स्पर्श या गंध हो, लेकिन समस्त भूमंडल में और अपने आसपास जो परिवर्तन घटित हो रहे हैं यदि उन्हें वह अनछुआ छोड़ देंगी तो उनकी

'अस्मिता' के क्या मानी रहेंगे? यदि हम अपनी भाषाओं से पूछें कि क्या उनमें साइबर स्पेस, भूमंडलीकरण, उपग्रहों की दुनिया, कंप्यूटर, टेस्ट ट्यूब बेबी, सूचना प्रोद्योगिकी, आर्थिक उपनिवेशवाद, अतियांत्रिकता, चिकित्सा विज्ञान, प्रकृति-पर्यावरण, जनसंख्या-विस्फोट, आर्थिक, राजनीतिक और खेल जगत के घोटाले, आतंकवाद, संप्रदायवाद, अमीरी और गरीबी के बीच की दूरियां और ऐसे में जी रहे आदमी की मनः स्थिति के बारीक ब्योरे हैं? मनुष्य के द्रोह, प्रेम, वेदना, हड़बड़ी, भूख पर कितनी रचनाएं लिखी गईं? जीवन और मृत्यु के बीच इतना कुछ अपूर्व और अद्वितीय घटित हो रहा है कि दोनों की परिभाषाएं बदल गई हैं, हर एक का जन्मार्थ और मृत्यु-अर्थ आज अलग-अलग है। आपदाग्रस्त समाज और व्यक्ति की समस्याएं, अनुभव और प्रसंग होते हुए भी लेखक प्रायः चंद पुरानी या प्रचलित कथ्य-सीमा में ही क्यों घूम रहा है?

अब वह समय गया जब हम संवेदना के पकने में अधिक वक्त लेते थे। अब समय को सीधे संवेदों में पकड़ने की गति यदि तेज नहीं की गई और ज्यादा अमूर्तों का आश्रय लेकर जटिल उड़ानें भरने और कालजयी होने का थोथा अभिमान पाला गया तो साहित्य को अप्रासंगिक होने में देर नहीं लगेगी। ऐसे अमूर्तन का सुख अब छिनने वाला है जो समय को मूर्त न करे और रचनाओं को एक-से सांचे में ढली पेश करे। समय-वैविध्य की, नवीन अनुभवों की, ताजा अभिव्यक्ति की, गहराई और प्रखरता की मांग कर रहा है क्योंकि अब मनुष्य की समझ और सूचना बहुत बढ़ गई है।

ऐसे वक्त हमारे साहित्य में कतिपय अपवादों को छोड़कर आमतौर पर अवसाद छाया हुआ है। हमें वे कारक खोजने होंगे जिनके सहारे हम पूरी सर्तकता से अपने समय को ऐसा रचनात्मक अवदान दे सकें जिससे साहित्य क्षेत्र का अवसाद दूर हो। हम केवल हिंदी समाज की साहित्य के प्रति उदासीनता का विलाप तरह-तरह से करने लगे हैं, इस हद तक कि अब लोग इसे साहित्य की नियति और निष्फलता से

जोड़ते हैं। विदेशों में विधाओं की मृत्यु-घोषणा की जो प्रतिध्वनियां हमारे यहां हुई हैं उनमें भी इस हताशा का दबाव ही अधिक है। परंतु यदि लेखक, प्रकाशक, पत्र-पत्रिकाएं और साहित्यकर्मी, पाठक की उदासीनता के बारे में आत्मावलोकन करें तो शायद इन कारणों के मूल को पहचान कर इनके समाधान में भी प्रवृत हो सकते हैं।

पाठक की कमी से खिन्न *पत्र-पत्रिकाओं*से अगर हम पूछें कि क्या अब वैसी या उनसे अच्छी पत्रिकाएं उस परिणाम में निकल रही हैं जैसी निकलती थीं? धर्मयुग, दिनमान, सारिका, कल्पना, सरस्वती के पाठक उनके अंतिम काल में ही सहसा क्यों बिला गए थे? क्या इसका कारण उन्हीं पत्रिकाओं में निहित नहीं था? और क्या उनके बंद होने के बाद बढ़ती जनसंख्या के परिमाण में वैसी समर्थ, उदार, साहित्यनिष्ठ, लोकव्यापी पत्रिकाएं निकल रही हैं? क्या वे निष्पक्षतापूर्वक श्रेष्ठ लेखकों की खोज करती हैं? वैज्ञानिक प्रगति के दौर में चीजों और यंत्रों में नित नए सुधार होते हैं और एक से एक बेहतर विकल्प प्रस्तुत किए जाते हैं। क्या ऐसा कुछ हमारे साहित्यिक उद्यम में हुआ? उदाहरण के लिए क्या पाठकों को हमने नई शैली में तैयार करने के लिए अपने आचरण में सुधार किया? शिकायत अगर *प्रकाशकों* को है तो पूछा जा सकता है कि वे रचनाओं के चयन में उतनी खोजबीन और कठोरता बरतते हैं? क्या अच्छे से अच्छा साहित्य प्रकाशित करने की उनमें होड़ है? (अगर होड़ है तो बेहतर प्रस्तुति की) क्या उनमें भ्रष्ट करने वाले प्रलोभनों से दूर रह सकने की तत्परता है? कहीं उनकी दिलचस्पियां उन लोगों और संस्थानों में तो सिमट नहीं गई हैं जो उन्हें थोक बाजार देते हैं? (इसके बदले उन्हें क्या कुछ नहीं करना पड़ता है और कैसे-कैसे समझौते नहीं करने पड़ते हैं! जिनमें प्रभावशाली लोगों की घटिया पुस्तकें प्रकाशित करना भी शामिल है।) जब प्रकाशक मूल्य निर्धारित करते हैं तो क्या उन्हें ध्यान रहता है कि वे पुस्तकें किनके लिए प्रकाशित कर रहे हैं और कि वाहन, यह कपड़ा या लोहे का धांधा नहीं है, साहित्य का प्रकाशन है? इसमें सेवा भी

एक 'मूल्य' होता है। इस मूल्य की चिंता क्या उन्हें हैं? जो *लेखक* पाठक की उदासीनता को लेकर बहुत मुखर हैं, क्या कह सकते हैं कि वे या उनके कई सहधर्मी विशिष्ट निजी प्रयोग, उलझी आत्मनिष्ठ उक्तियों और मित्र मंडली की सराहना के बाहर निकलकर बड़े पाठक वर्ग की प्रतिक्रियाओं की सुध लेते हैं? क्या उन्हें संप्रेषण की वैसी चिंता है, जैसी होनी चाहिए? कहानियां और उपन्यास जो साहित्य में अभिरुचि का प्रमुख माध्यम हैं; पहले प्रांत-प्रांत की आंचलिक भाषाओं से बोझिल होते थे। यह नहीं सोचा गया कि बोझिल होना और आंचलिक भाषाओं के उपयुक्त प्रयोग में अंतर है। संवादों की सहजता या परिवेश-निर्माण के नाम पर लेखक, पाठकों से आखिर कितनी बोलियों और अंचलों की भाषाएं जानने की उम्मीद करते हैं? क्या ऐसी विधि नहीं निकाली जा सकती थी कि स्वाभाविकता भी बनी रहे और पाठ-बाधा भी पैदा न हो?

किसी समय जैसे वह ढर्रा चल पड़ा था, वैसे ही आज बाजार के प्रभाव में एक ऐसी मिश्रित भाषा चल पड़ी है जिसमें कहीं-कहीं तो यह खोजना पड़ता है कि इसमें हिंदी कहा हैं? इस भाषा का प्रयोग न केवल अखबारों में निर्दयता से हो रहा है, बल्कि लेखक भी इस भाषा का प्रयोग करने लगे हैं। प्रचार माध्यमों और साहित्य की भाषा में कोई अंतर न हो तो पाठक साहित्य के पास भाषा के लिए भी क्यों जाएगा? और जहां तक साहित्य के प्रति लोकरुचि का प्रश्न है, यदि कहानी जैसी रोचक विधा भी कथा-रस को खारिज करने के बाद संवेदना और संज्ञानमूलक जिज्ञासा की भी उपेक्षा करने लगे और किसी स्थानापन्न नई विधि की खोज न करे तो पाठक उसे भी क्यों पढ़े? कुछ लेखक फूहड़पन, अश्लीलता और गाली-गलौच को ही यथार्थ का हथियार कहने लगें तो क्या यह मान लिया जाए कि भाषा की व्यंजना-शक्ति बेमानी हो गई है? उधर वैचारिक आलेखों में प्रखरता, गहराई, नवीन उत्खनन और सर्जनात्मक रुचियों की ओर कितने लेखक ध्यान देते हैं? एक जैसी बहस, एकरस अभिव्यक्ति, ठस भाषा के साथ

ही यदि नवीनता आदि का अभाव हो तो क्या यह प्रस्तुति साहित्य की उर्वरता के पक्ष में जाती है? विश्व में इतना कुछ घटित हो रहा है, नया और अपूर्व, मनुष्य के व्यक्तिगत और सामाजिक संबंधों में बहुत से परिवर्तन आ रहे हैं; संवेदना की प्रणालियां, बोध और आशय तक बदले हैं, ज्ञान की अज्ञात दिशाए खुली हैं, पुरानी समस्याएं विकट रूप में नए ढंग से सामने आई हैं। यानी साहित्य के सामने ढेरों कथ्य उमड़ आए हैं। वे पाठक की चिंता और दिलचस्पियां भी हैं, इसलिए उससे जुड़ने का सेतु हैं। क्या साहित्य भी इनसे जुड़ने की कोशिश कर रहा है? बाजारू माध्यम और बाजारू संचार साहित्य के लिए ही नहीं जीवन के लिए भी चुनौती बन चुका है। –इनका उत्तर साहित्य के पास है? साहित्य यद्यपि बनाई हुई चीज होती है परंतु कपटी माध्यमों की तरह नहीं, उसकी कलात्मकता जीवन की निष्कपट सच्चाई खोजने का माध्यम है, उसे ढंकने का नहीं। इसलिए साहित्य आज भी एक अनिवार्य सत्ता है। लेकिन अब मनुष्य की 'पक्षधारता' साहित्यकार से कहीं कुछ गहरा, कुछ विशेष, कुछ अप्रत्याशित मांग रही है। क्योंकि विपदाओं और संपदाओं के मुखौटे बदल चुके हैं। इसलिए पाठक की यह अपेक्षा अनुचित भी नहीं कि साहित्य उसे वहां खड़ा मिले, जहां उसे जरूरत है। हिंदी का पाठक पढ़ नहीं रहा, या पढ़ना नहीं चाहता, यह कहना शायद सही नहीं है। वह हिंदी के मौलिक साहित्य की तुलना में अनूदित कृतियां अधिक पढ़ रहा है, हिंदीतर नाटकों के हिंदी रंगमंच पर सर्वाधिक प्रयोग होते हैं। क्यों? इस प्रश्न के उत्तर में ही शायद बहुत से प्रश्न छिपे हैं, जो हिंदी सर्जना से आत्मान्वेषण की अपेक्षा रखते हैं।

इसका अर्थ किसी गहन निराशा की ओर संकेत करना नहीं है, क्योंकि आज का हिंदी-लेखन कुल मिलाकर अपने गतिमान इतिहास से पीछे नहीं है। फिर भी उससे बहुत अपेक्षाएं हैं क्योंकि उसके पास बड़े परिमाण में रचनाशील-मानस है। परंतु यहां एक दूसरी समस्या भी है, इसे आप प्रचार-प्रसार-प्रकाशन की त्रुटियां कह लीजिए या शिवरबद्धता;

हिंदी का बहुत-सा अच्छा साहित्य या तो भीड़ में खो गया है या अच्छे साहित्य की ओर पाठकों का ध्यान आकर्षित नहीं होने दिया जाता है। इससे हमारा बहुत सा दुर्लभ साहित्य अंधेरा भोग रहा है; और पाठक अकारण अपने साहित्य की दरिद्रता के हीनता बोध से ग्रस्त होता जा रहा है।

हिंदी में अनेक नई प्रतिभाएं भी जन्म ले रही हैं। हालांकि उनमें से बहुतों पर कम ध्यान दिया जा रहा है और कुछ पर बहुत अधिक ध्यान दिया जा रहा है। ये दोनों ही स्थितियां सम्यक् नहीं हैं। कम पानी से भी पौधे मरते हैं और अधिक पानी से भी। जिन्हें शीघ्र यश-सम्मान मिल जाता है वे भी असमय समाप्त हो जाते हैं और जिन प्रतिभाओं को कोई अवसर नहीं मिलता वे भी घुट जाती हैं। सबसे सही मार्ग शायद यही होगा कि उन्हें प्रकाशन के उचित अवसर मिलें। क्योंकि नई प्रतिभाएं, नए युग की अपेक्षाएं शायद अधिक सार्थक ढंग से पूरा कर सकती हैं-क्योंकि अंततः समस्याओं का और उनका जन्म एक ही समय-केंद्र से हुआ है। परंतु यहां भी हमें सच्चे लेखकों और प्रायोजित लेखकों में भेद करना होगा।

हिंदी साहित्य के वास्तविक पाठक का मानस इतना परिपक्व है कि अब उसे कमतर साहित्य न तो लुभाता है, न वह उसे प्रोत्साहित करने की मनः स्थिति में है। यद्यपि यह पाठक तुलनात्मक जनसंख्या में कम है, परंतु पारखी और निर्णायक है; न यह खोया है, न उदास है; यह प्रतीक्षातुर है। इसी की तुला पर साहित्यिक उपक्रम तोलने पर शायद अभावों का पता भी चल सकेगा और दिशाओं का भी।

हिंदी के पाठकों के जिज्ञासातुर मानस को ध्यान में रखकर हमारे सामने यह प्रश्न भी उपस्थित होता है कि हिंदी में ज्ञानात्मक साहित्य कितना और कैसा है? हिंदी का अधिकांश क्षेत्र तो ललित साहित्य ने ही घेर रखा है जबकि कोई भाषा सर्जनात्मक साहित्य लिखकर ही जीवित नहीं रहती, उसमें विविध अनुशासनों और विद्याओं का ऐसा साहित्य भी होना चाहिए जो उस भाषा-मानस का मानक बन सके।

जबकि यह क्षेत्र निरंतर सिकुड़ता जा रहा है और यह और भी दुःख की बात है कि स्वयं हिंदी भाषी अपने ज्ञानात्मक साहित्य-लेखन का विकल्प हिंदी की अपेक्षा अंग्रेजी चुनते हैं। अंग्रेजी का विश्वव्यापी बाजार है, वहां पैसा है, यश है, मान है-सब कुछ है। पर वह आत्म चेतना, राष्ट्रीयता, आत्म-गौरव, मातृभाषा प्रेम, जन-चेतना कहां है, जिसके कारण आजादी के बाद बीबीसी पर साक्षात्कार चाहने पर गांधी ने कहा था कि, "दुनिया को खबर कर दो कि गांधी अंग्रेजी नहीं जानता, गांधी अंग्रेजी भूल चुका है।" गांधी की यह तीखी प्रतिक्रिया इसलिए थी कि वे महसूस कर रहे थे कि राजनीतिक स्वाधीनता देश की संपूर्ण स्वाधीनता नहीं है। भाषाई गुलामी से मुक्त किए बिना देश पराधीनता की गिरफ्त में आ जाएगा। आजादी से पहले एक बार गणेश शंकर विद्यार्थी ने कहा था, " मुझे देश की आजादी और भाषा की आजादी में से किसी एक को चुनना पड़े तो मैं निःसंकोच भाषा की आजादी चुनूंगा, क्योंकि मैं फायदे में रहूंगा। देश की आजादी के बावजूद भाषा गुलाम रह सकती है, लेकिन अगर भाषा आजाद हुई तो देश गुलाम नहीं रह सकता।" स्वतंत्रता के बाद कितने नेताओं ने भाषा से आजादी के इस रिश्ते को पहचाना?

इस संबंध में मैं आपका ध्यान इस तथ्य की ओर दिलाना चाहता हूं कि 1854 में चार्ल्स वुड ने जब भारत में अंग्रेजी शिक्षा संबंधी आदेश प्रसारित किया था तो उसके अनेक पहलुओं में अपने काम के नौकरशाह तैयार करने के साथ भारतीय लोगों में से कुछ लोगों को पहले डी-क्लास (वर्ग पृथक) और फिर डी-नेशन (देश पृथक) कर अपने अनुकूल बनाना भी था। परंतु उसका अंतिम और महत्वपूर्ण उद्देश्य भारत की जनता में सुख-सुविधा की ऐसी होड़ जगाना था जिससे ब्रिटिश माल की खपत भारत में हो और नई-नई चीजों का बाजार तैयार हो सके। विदेशी भाषा के माध्यम से उपभोक्ता संस्कृति को निर्मित कर मानसिक रूप से देश को गुलाम बनाने की वह नींव थी। साम्राज्यवादी-उपनिवेशवादी शक्तियां अपनी भाषा को किसी

पवित्र उद्देश्य से नहीं लाई थीं। वह भाषा के माध्यम से आंतरिक दासता को स्थायी कर अपना राजनीतिक एवं आर्थिक स्वार्थ साधना चाहती थी। यही तो मैकॉले ने भी चा[illegible] था।

यह बात आज हमारे लिए चिंता की इसलिए है कि बाजार बहुराष्ट्रीय कंपनियों, मल्टीप्लेक्सों, होटलों और विशालकाय मॉलों के जरिए जिस ठाठ-बाट से भारत में आ रहा है- वह उसके आकाओं की वर्षों पहले सोची-समझी चाल का परिणाम है। तब उन्हें बाजार के इस स्वरूप का भले ही पता न हो, पर उनके सामने अपना स्वार्थ स्पष्ट था। आज वे ही छद्म भूमंडलीकरण और झूठे उदारवाद के जरिए देश को 'बाजार' और नागरिक को 'ग्राहक' बना रहे हैं, उसे बाकायदा एक शिक्षा दे रहे हैं-'ऋणं कृत्वा धृतं पिबेत'- घी पीयो भले ही तुम्हें कर्ज लेना पड़े। इस शिक्षा के लिए उन्हें ऐसी भाषा चाहिए थी जिसके भीतर राष्ट्रीयता के कीटाणु न हों। और जाहिर है, यह भाषा हिंदी के विस्थापन के बिना नहीं आ सकती थी।

यह संकेत करना चाहता हूं कि हिंदी के विस्थापन में समस्त भारतीय भाषाओं का विस्थापन छिपा है। देशी भाषाओं और हिंदी के बीच परस्पर आशंका ही उनका वह अस्त्र है जिससे वे इस विभेदमूलक प्रवृत्ति में सेंध लगा सकें। इसलिए देशी भाषाओं को भी अंग्रेजी के भयंकर आक्रमण से सावधान होकर हिंदी के संघर्ष में भागीदारी होना होगा। इसके बिना बचाव का कोई रास्ता नहीं है। अंग्रेजी ठीक समझती है कि हिंदी को फतह कर लेने के बाद देशी भाषाएं तो स्वतः विजित हो जाएंगी।

हिंदी की बोलियों से संबंधित एक गंभीर समस्या की ओर भी मैं आपका ध्यान खींचना चाहता हूं। हम जानते हैं कि बोलियां भाषा की शक्ति का स्रोत होती हैं-क्योंकि वे जन- जीवन में जन्मती, पकती और सांस लेती हैं-यह 'जन' ही तो भाषा का जनक है। बोलियों का स्वभाव, शब्द, मुहावरे गीत, कथाएं, कहावतें-सबकुछ भाषा की दुर्लभ निधियां हैं। यदि आदिवासी बोलियों के गीतों को ही लें तो देखेंगे कि

उनमें जो अकृत्रिमता, आवेग, गति, उतार-चढ़ाव, वैविध्य और प्राण-शक्ति है, उसकी सानी परिनिष्ठित भाषा के गीतों में नहीं मिलेगी। वे कई बार फीके, घिसे हुए और अनुर्वर लगते हैं; वे यदि इनसे जिंदगी, मस्ती और ताजगी ले सकें तो अपना ही भला करेंगे, क्योंकि जन-भाषा की यही सच्ची विरासत है। केंद्र में साहित्य अकादमी के स्तर की बोलियों की कोई अकादमी नहीं है, तो क्यों नहीं है? प्रयास, साहित्य अकादमियों में बोलियों के प्रवेश के लिए किए जाते हैं, जबकि उनकी समृद्धि और पारंपरिक निधि के संचयन का अतिरिक्त प्रतिष्ठान होना चाहिए, जहां वे अपनी पूरी आभा में खिल सकें और पूरी दक्षता में पनप सकें।

परंतु ऐसे प्रयास करने की अपेक्षा हम ऐसे नकारात्मक प्रयास कर रहे हैं जो हिंदी भाषी समाज को तेजी से खंडित करते हैं। बोलियों को भाषा से तोड़ने और पृथक करने की प्रवृत्ति चिंता की हदों को छू गई हैं। चाहे यह उपेक्षा की प्रतिक्रिया हो या पृथक् नेतृत्व की आकांक्षा। कुल मिलाकर यह प्रवृत्ति न केवल हिंदी की आवाज को कमजोर कर रही है, बल्कि बोलियों में भी परस्पर विद्वेष जगा रही है। टूटने का कहीं अंत नहीं होता। क्षणिक उत्तेजना सदियों के सामंजस्य को तोड़ देती है, और जब यह सिलसिला शुरू हो जाता है तो इसका कहीं अंत नहीं होता। जन-गणना में मातृभाषा की जगह बोलियां लिखवाने के लिए उकसाना इसकी चरम सीमा है।

हर हिंदी भाषी की कोई न कोई बोली है, लेकिन राष्ट्रीय संदर्भ में वह एक विराट भाषा-समाज का अंग है। इसे भूलकर यदि हम अपनी मातृभाषा बघेली, अवधी, भोजपुरी, मैथिली, राजस्थानी ब्रज, मालवी, छत्तीसगढ़ी या कोई और दर्ज करवाते रहेंगे तो हम सबकी भाषा-हिंदी तो कहीं रहेगी ही नहीं, वही त्रासदी घटित होगी जो नूर लखनवी के इस शेर में कही गई है:

'इतने हिस्सों में बंट गया हूं मैं कि
मेरे हिस्से में कुछ बचा ही नहीं।'

हिंदी के भाषिक समाज को इस तरह अनाम कर देने का क्या

नतीजा होगा? न सिर्फ उसकी शक्ति, आवाज; बल्कि राष्ट्रीय अस्मिता भी खंड-खंड हो जाएगी, क्योंकि हिंदी अपनी बोलियों का ही नहीं राष्ट्र का सेतु है। यह अच्छी तरह समझ लेना चाहिए कि हिंदी, साहित्य या ज्ञान के बल पर नहीं, बहुसंख्यक जनता के बल पर राष्ट्रभाषा है। इसके छिन जाने या कमजोर पड़ने पर समूचा देश गूंगा हो जाएगा, खासकर देश की बहुसंख्यक गरीब जनता, जिसके लिए न अंग्रेजी स्कूल हैं न द्विभाषिक बिचौलिए।

अंग्रेजी जिस जगह पहुंची है वह प्राथमिक शिक्षा की क्रमबद्ध योजना के माध्यम से पहुंची है। आजादी के तत्काल बाद देशी भाषाओं को राष्ट्रभाषा के नाम पर झगड़ता छोड़कर वह चुपचाप उस पीढ़ी को तैयार करने में जुट गई थी जो आगे चलकर स्वयं ही उसका उद्देश्य सिद्ध कर देने वाली सिद्ध होगी, वही हुआ। मध्य, निम्न-मध्यवर्ग और यहां तक कि गरीबों के बच्चे भी आज अंग्रेजी स्कूलों में शिक्षा पा रहे हैं- वे शेष जनता से वर्ग पृथक (डी क्लास) हो चुके हैं, यानि एक वर्ग वह जो अंग्रेजी पढ़ा है और दूसरे में शेष सारी जनता जो अंग्रेजी नहीं पढ़ी है। ज्ञान, योग्यता सेवा के अवसर सभी कुछ भाषा में केंद्रित कर दिए गए हैं। डी-क्लास हो जाने के बाद उनके भीतर से राष्ट्रीय भावना चुन-चुनकर बाहर निकालना आसान होता है। इस तरह उसे डी-नेशन किया गया। वैसे भी भूमण्डलीकरण ग्राहकों को देश-पृथक करने की एक प्रक्रिया है-सभी राष्ट्रों के लिए नहीं, उन्हीं राष्ट्रों के लिए जिन्हें खुले बाजार, उदारतावाद, भूमंडलीकरण जैसे नामों से शोषित करना और गुलाम बनाना है। अंग्रेजी भाषा में ग्राहकों को स्थानांतरित कर वैश्वीकरण की स्वाभाविक प्रक्रिया में ढाल सकना इन्हें संभव लगता है।

शिक्षा के बाद बहुसंख्यक जनता की भाषा को भाषा-पृथक (डि-लिंग्वा) बनाने के लिए अंग्रेजी एक योजनाबद्ध शैली अपना रही है। वह हिंदी में (और भारतीय भाषाओं में भी) अंग्रेजी शब्दों का परिमाण बढ़ाने की कोशिश कर रही है। उधर नामपट्टों (होर्डिंग्ज),

प्रचार माध्यमों में वह हिंदी को रोमन में लिख रही है। 'Pure Bhi Aur Poora Bhi' जैसे प्रयोगों से वह प्रदर्शित कर रही है कि देखो अंग्रेजी ने हिंदी अपना ली, अब तुम क्यों कोताही कर रहे हो। दरअसल वह रोमन में हिंदी और भारतीय भाषाओं को लिखने के एक पुराने सपने को पूरा करना चाहती है; जबकि नागरी लिपि हमारी भाषा की ऐसी लेखन पद्धति है जिसकी तुलना दुनिया की किसी लिपि से नहीं की जा सकती। संसार का कोई भी उच्चारण या शब्द नागरी में लिखा जा सकता है। बिल गेट्स ने कहा है कि बोलकर लिखाने की प्रविधि जब संगणक में चलेगी तो केवल नागरी ही ऐसी लिपि होगी जिसमें सही भाषा लिखी जा सकेगी। हमें अपनी लिपि से पृथक करते हुए बाजार इस बात पर विचार नहीं करता और अद्वितीय लिपि से हमें ही नहीं विश्व को वंचित करमा चाहता है, क्योंकि उसे अपनी वस्तुओं का गुलाम बनाने के लिए अपनी भाषा और अपनी ही लिपि चाहिए। भाषा और लिपि के इस आतंकवाद से बचना दुनियाभर की भाषाओं के लिए चिंता का विषय है। सूचना प्रौद्योगिकी, जो इस विश्व बाजार का एक बड़ा हिस्सा है¬ ने अपने माध्यमों में डी-नेशन किए लोगों के द्वारा अंग्रेजी प्रयोग को इस हद तक बढ़ा दिया है कि धीरे-धीरे क्रियापदों को छोड़कर शेष अंग्रेजी में लिखे बोले जाने पर भी वह हिंदी लिखने का भ्रम बनाए रखता है।

हिंदी के विस्थापन की सबसे बड़ी चाल है-लिखित भाषा के रूप में अंग्रेजी और वाचिक भाषा के रूप में हिंदी को बनाए जाने की कोशिश। उद्योगों, सरकारी कार्यालयों, स्कूलों, वस्तुओं के नामों, नामपट्टों में सर्वत्र लिखी गई भाषा अंग्रेजी होती है, हिंदी केवल बातचीत की, मनोरंजन की, जनता को प्रचारमाध्यमों से मूर्ख बनाने की भाषा रह गई है। इसका स्पष्ट परिणाम होगा कि हिंदी बोली बनकर रह जाएगी और जो भाषा सिर्फ बोली जाती है लिखी पढ़ी नहीं जाती, उस भाषा के भाषियों को लोग अपढ़ कहते हैं- ठीक वैसे ही जैसे लिखने-पढ़ने में असमर्थ लोगों को। अंग्रेजी का यह सारा कर्मकाण्ड

केवल इसलिए है कि एक अरब से अधिक जनसंख्य वाले विश्व के छठवें भाग को अपने बाजार से आक्रांत कर ले। वैसे भी दुनिया के बाजारों में भारत चौथे नंबर का सुरक्षित बाजार है। यहां कम जोखिम, अधिक लाभ और कम अशांति है; अधिक कच्चा माल और सस्ते मजूर मिलते हैं और हम मुदित हैं कि अहा हिंदी बढ़ रही है, झख मारकर हिंदी का प्रयोग हो रहा है। परंतु उसके भीतर छिपी अंग्रेजी वैसे ही बढ़ रही है जैसे कैंसर बढ़ता है।

जब सब जगह बहुराष्ट्रीय कंपनियों को आकर्षित करने के लिए कई तरह के 'नाटकीय उपक्रम हो रहे हों, विदेशी निवेश को हथियाने की होड़ चल रही हो ऐसे में विज्ञापनों में, दूरदर्शन के चैनलों में, धारावाहिकों में, संगणक (कम्प्यूटर) में, मोबाइल में, यहां तक कि विदेशों में हिंदी के बढ़ते प्रयोग से प्रसन्न होने की बात नहीं है। क्योंकि यह हिंदी नहीं बढ़ रही है। बाजार आगे बढ़कर कथित भारतीय भाषा के माध्यम से देश को खरीद रहा है। दुर्भाग्य की बात है कि जिस स्वाधीनता के लिए हमने पराधीनता की भाषा को छोड़कर स्वाधीनता की भाषा अपनाई थी, उसे ही आज हम बाजार के हाथों नीलाम कर मानसिक पराधीनता की भाषा बनाए दे रहे हैं।

बाजारू हिंदी से हिंदी को नहीं, बाजार को लाभ हो रहा है क्योंकि भाषा यदि लाभान्वित होती है तो वह अपनी 'जड़ों' से जुड़कर अपनी सांस्कृतिक-बौद्धिक-सर्जनात्मक संपदा का संरक्षण और अभिवृद्धि करती है जबकि हिंदी के माध्यम से प्रकारान्तर से अंग्रेजी को अनिवार्य बनाया जा रहा है।

बार-बार समझाया जा रहा है कि अंग्रेजी कितनी जरूरी है उसकी बैसाखी के बिना हिंदी या कोई भाषा चल ही नहीं सकती तो लोग सोचते हैं कि क्यों न सीधे अंग्रेजी को ही सीखा जाए। आज जगह-जगह अंग्रेजी सिखाने की दूकानें खुल गई हैं। उनमें नई तरह के क्लोन तैयार किए जा रहे हैं। समझाया जा रहा है कि व्यापार, व्यवसाय, उद्योग, नौकरी-रोजगार सबके लिए अंग्रेजी रामबाण है।

दुर्भाग्य से बाजार की मनोवृत्ति से देश का अभिजन इस तरह प्रभावित है कि वह इस नई तरह की मनोवृत्ति का पैरोकार बन गया है, इसीलिए उस भाषा का भी जो इस मनोवृत्ति से जुड़ी है। आज का सर्वाधिक प्रसार माध्यम फिल्म और दूरदर्शन बाजार और बाजारू माफिया के अधीन है। सामाजिक, मानवीय, वैचारिक विषयवस्तु वहां से प्रायः गायब है। हिंदी फिल्मों के कलाकारों से लेकर निदेशक तक अपनी बातचीत अंग्रेजी में करते हैं। यहां तक कि हिंदी फिल्म की पाण्डुलिपि रोमन में तैयार होती है। जिस भाषा ने उन्हे सामाजिक और आर्थिक रूप से समृद्ध किया, लोकप्रियता के शीर्ष पर बिठाया उसके प्रति उनकी दृष्टि यह है!

हिंदी और भारतीय भाषाएं आज ऐसे हम्माल और हरकारे में बदल गई हैं जिसकी पीठ दूसरों का माल और जिसके हाथ दूसरे की चिट्ठियां ढो रहे हैं। खेद तो यह है कि लोगों में ऐसी भावना घर कर गई है कि यही भाषा सहज, स्वाभाविक व्यावहारिक और बोलचाल की है। जबकि इस बात पर विचार किया जाना चाहिए कि बोलचाल की या वाचिक भाषा भी बाजार द्वारा थोपी नहीं जाती, बल्कि लोक के सहज, स्वाभाविक, आत्मीय और सांस्कृतिक संबंधों के बीच सहज रूप से विकसित होती है। जो लोग हिंदी को उदारता की सीख देते है। उन्हें समझना चाहिए कि हिंदी कोई जड़ भाषा नहीं है, गतिशील भाषा है उसने हजारों आयातित और नए शब्द अपनाए हैं। पिछले दिनों तैयार कोशों में हिंदी में हजारों शब्द जुड़ गए हैं। इसलिए भाषाई आवक के लिए हिंदी का द्वार सदा खुला रहा है तभी वह इतनी समृद्ध हुई है। परंतु जो कार्पोरेट भाषा आ रही है वह प्रायोजित और आरोपित है और उसका उद्‌देश्य भाषा की अभिवृद्धि नहीं है। इस अंतर को भली-भांति समझा जाना चाहिए। कार्पोरेट भाषा बनाना उदारवादी बाजार की शैली का अंग है। क्योंकि बाजारवाद में जो कुछ भी बनाया जाता है वह प्रायोजक की मांग, इच्छा और आवश्यकता के अनुकूल बनाया जाता है- टी.वी. ऐसे ही कार्यक्रम बना रहा है, अखबार ऐसी ही भाषा लिख

रहा है, सरकार भूमि का अधिग्रहण इसी के उद्देश्य से कर रही है, परंतु जब हम बाजार के अनुसार सब कुछ बनाते हैं तो इतिहास, स्वाभिमान, अस्मिता सब खो देते हैं।

हर युग में राष्ट्रीय चेतना का स्वरूप अलग होता है। मुझे लगता है कि इस समय दूसरी और तीसरी दुनिया को अपनी गिरफ्त में जकड़ने वाले बाजारवाद के प्रतिरोध का समय है। इस प्रतिरोध के निश्चय ही विवेकपूर्ण होने की जरूरत है। यह प्रतिरोध शोषण के विरुद्ध हो न कि उस खुले आदान-प्रदान के विरुद्ध जिसमें संतुलन हो। दूसरी बात यह है कि मुक्त अर्थव्यवस्था के हाथों राष्ट्र राज्य के समाजवादी चेतना से सम्पन्न राजनीतिक दायित्व को भी नजरअंदाज नहीं किया जाना चाहिए। याद रखना चाहिए कि बची-खुची आत्मनिर्भरता और निजी बचतों और ऋण करके भी घी पीने विरोधी मनोवृत्ति ने हमें मंदी के भयानकतम प्रभाव से बचाया है और यह सीख भी दी है कि पूंजीपति देशों की मनोवृत्ति कैसे हमें अकारण उस विपत्ति में झोंक देती है, जिसके लिए हम उत्तरदायी नहीं होते।

भाषा और साहित्य के संदर्भ में इन चर्चाओं का अर्थ यह है कि हर युग में एक लहर चलती है जो सबकुछ को अपनी गिरफ्त में ले लेती है, उससे भाषा, साहित्य, जीवन कुछ नहीं बचता। इसलिए साहित्य और भाषा पर विचार करते हुए उन कारकों पर भी विचार किया गया है जो प्रकारंतर से हमारी बौद्धिकता और रचनाशीलता को प्रभावित करते हैं।

यहां मैं कुछ बातों को स्पष्ट करना चाहता हूं। एक तो यह कि हिंदी का किसी भाषा से विरोध नहीं है, अंग्रेजी से भी नहीं, क्योंकि सभी भाषाएं सरस्वतियां हैं। अंग्रेजी विश्व की समृद्ध भाषा है, उससे बैर करने का कोई अर्थ नहीं है। ऊपर सब जगह जो मूल बात कही गई है वह यह है कि भारत में हिंदी ही बोलचाल, राज-काज और व्यवहार की भाषा हो सकती है। क्या यह विडंबना नहीं है कि एक कामचलाऊ 'लिंक लैंग्वेज' ने वास्तव में संपर्क भाषा का स्थान ग्रहण

कर लिया है और ज्ञान, कर्म और भाव के क्षेत्र को घेरकर हमें मानसिक रूप से अपने अधीन कर लिया है। अगर किसी युग में अंग्रेजों से मुक्ति का संघर्ष राष्ट्रीय था तो आज अंग्रेजी से मुक्ति का संघर्ष राष्ट्रीय है, और मुक्ति उसी अर्थ में जिसका उल्लेख हुआ है। एक अन्य महत्व की बात यह है कि यहां अंग्रेजी का प्रयोग अंग्रेजी मानसिकता के लिए है जिसका संबंध अंग्रेजों से नहीं है। अंग्रेजी इस समय भारतीयों द्वारा भारत में प्रचलित की जा रही है और थोपी जा रही है। यह अंग्रेजी मनोवृत्ति है जो अब यह कहने लगी है कि अंग्रेजी को एक भारतीय भाषा के रूप में स्वीकार कर लिया जाए- जो प्रक्रिया यह चल रही है उसका फलितार्थ यह निकलना ही था!

मैं यह भी स्पष्ट करना चाहता हूं कि हिंदी की समस्याओं में समस्त भारतीय भाषाओं की समस्या सम्मिलित है। क्योंकि सभी भारतीय भाषाएं एक ही नाव में सवार हैं। एक के कमजार होने से दूसरी कमजोर होती है। अतः पारस्परिक रूप में भारतीय भाषाओं को सशक्त करने की जरूरत है। हिंदी के बोली बन जाने के बारे में जो बात कही गई है वह सभी भारतीय भाषाओं के बारे में है। जरा सतह एक इंच तो खोदिए आपको विदित हो जाएगा कि सभी भारतीय भाषाएं लिखित रूप में शिक्षा तथा अन्य कार्यकलापों से व्यावहारिक रूप से अपदस्थ कर दी गई हैं या स्वयमेव हट रही हैं। इसलिए भारतीय भाषाओं का इस समय एकजुट होना जितना आवश्यक है उतना इतिहास में कभी नहीं था।

पुनः यह कहना चाहता हूं कि उपर्युक्त चित्र किसी ऐसी नकारात्मकता का नहीं है जिससे निराशा फैले। यह केवल सचेत रहने की आवश्यकता बताता है। यदि नकारात्मक की सृष्टि संभव है तो सकारात्मक की क्यों नहीं है? रावण या कंस यदि कहीं जन्मते हैं तो राम या कृष्ण के जन्म की संभावना से इन्कार कैसे किया जा सकता है! यदि एक ओर मानव सभ्यता ने स्वप्न देखें हैं तो दूसरी ओर वह असंभवताओं से भी टकराई है और विपरीत परिस्थितियों के बीच उसने सृष्टि का नया इतिहास

लिखा है।

इस युग को ही ले लीजिए। लोगों ने इतिहास, साहित्य आदि की मृत्यु घोषित कर दी थी जबकि उनकी जीवंतता के हजारों प्रमाण मिले हैं और अंततः यह स्वीकार कर लिया गया है कि- नहीं मृत्यु नहीं होगी न विचार की, न भाषा की, न साहित्य की न इतिहास की-ये सब मनुष्य के जाग्रत स्वप्न हैं-ये नए-नए समीकरणों में, अर्थ संपुजों में, प्रत्ययों में पुनः पुनः जन्म लेते रहेंगे- स्लम डॉग के जमाल की तरह जो विष्ठा के गड्डे में कूदकर जोश, पुरुषार्थ और उमंग के मैदान में निकलते हुए किसी अप्रत्याशित नायकी को हासिल करता है। विकृति, गंदगी या निराश कर देने वाली स्थितियों को पार कर एक उत्तेजक, उत्प्रेरक सफलता के उजाले में प्रवेश करने वाले ही जीवन की विजय संभव बनाते हैं। तमाम विपरीतताओं को झेलते हुए मनुष्य के पुनः पुन उभरने को संभव बनाने वाला यह विलक्षण प्रतीक है जो कला और साहित्य को मनुष्य के नाभिनाल से जोड़ता है।

हिंदी हर युग में इस देश की आवाज़ रही है। आज उसके सामने एक और नई पीढ़ी है, जिसके स्वप्न हरे हैं। वह त्वरित विश्व के साथ कदम मिलाकर, बल्कि उससे भी आगे चलने को उत्सुक है। उसे अपनी भाषा में नवीनतम ज्ञान, प्रौद्योगिकी, सम्मान, आत्म निर्भरता, समृद्धि, जीवन-यापन और उत्कर्ष के भरपूर अवसर मिलना चाहिए। जीवन के समस्त आयामों का स्पर्श करते हुए प्रवहमान वायु की तरह करोड़ों के मानस में व्याप्त हिंदी हम सबको अपनी रचनात्मक समृद्धि में भाग लेने को बुला रही है।

पक्षधरता और प्रतिबद्धता

20 वीं सदी के जिस दौर से हम गुजर रहे हैं वहां इस विषय पर बात करना बहुत जरूरी है, क्योंकि स्थितियां ऐसी हैं कि लोगों के हाथ में लगाम रह गयी है और घोड़ा नदारत हो गया है, फिर भी लगाम खींचे चले जा रहे हैं।

'प्रतिबद्धता और पक्षधरता' ये दोनों राजनीति से आए हुए शब्द हैं, परंतु साहित्य में वर्जित नहीं हैं। क्योंकि साहित्य एक व्यापक संज्ञा है, इसलिए इसमें कोई भी अनुशासन शामिल हो सकता है। साहित्य में आई कोई शब्दावली चाहे वह अर्थशास्त्र से, इतिहास से, कला से, विज्ञान से या तंत्र से ही क्यों न आई हो, वर्जित नहीं है। साहित्य को उसे अपने ढंग, अपने रंग, अपने स्वरूप, अपनी चेतना में ग्रहण करना होता है, उसके भीतर नयी अर्थवत्ता, नयी संयोजना, नयी संप्रेषणीयता पैदा करनी होती है और उसका आत्मसातीकरण करना होता है। यह साहित्य का अपना काम है। इसलिए 'पक्षधरता' और 'प्रतिबद्धता' शब्द चाहे कहीं से आए हों, वे साहित्य के लिए वही अर्थ हैं जिस प्रयोजन से आए हैं। इसलिए इनके आशय को भटकाने की कोशिश नहीं करना चाहिए। क्योंकि इन शब्दों के अर्थ सामान्यत: निरपेक्ष हैं, पर साहित्य में वे मार्क्सवाद की सापेक्षता में आए हैं। यही ध्यान रखकर इन शब्दों पर विचार होना चाहिए वरना इनका हश्र भी 'प्रगतिशीलता' जैसा हो

जाएगा और लोग उसी तरह कहेंगे प्रतिबद्धता हर जगह होती है, हर मनुष्य प्रतिबद्ध होता है आदि। शब्द के अर्थ अवधारणात्मक या प्रयोजनवती लक्षणा में होते हैं, इसलिए किसी अवधारणा को भ्रांत करना और उसके स्थान पर दूसरी चीज को थोपना एक अलग किस्म की छद्म वृत्ति है जिसे साहित्य में निरस्त किया जाना चाहिए। तो, सीधी बात यह है कि 'प्रतिबद्धता' और 'पक्षधरता' शब्द मार्क्सवाद से जुड़े हुए हैं। मार्क्सवाद एक राजनीतिक और सामाजिक विचारधारा है, जो एक निश्चित राजनीतिक प्रक्रिया से जुड़ी हुई है।

मार्क्स ने स्वयं साहित्य के बारे में बहुत कम कहा है। कुछ लेखकों की पुस्तकों पर टिप्पणी करते हुए अपने वक्तव्य में छिटपुट बातें कही हैं, उनका सीधा अर्थ कभी भी नहीं रहा कि इस चीज को साहित्य पर ज्यों-का-त्यों लादा जाय। स्वयं मार्क्स ने अपने विचारों में भी वृद्धावस्था तक बराबर परिवर्तन किये हैं, लेकिन इस देश के साथ कुछ ऐसा हुआ कि मार्क्स के विचारों का विकास नहीं हुआ और उससे जुड़े लेखक, विद्वान एक खास किस्म की जड़ता से बंधे रहे। वे इसके आगे कदम रखना नहीं चाहते। आखिर मार्क्सवाद में मार्क्स ही नहीं मार्क्स के बाद एंगिल्स हैं, जिन्होंने उन्हीं की कही हुई चीजों का विरोध किया और नई दृष्टि से विवेचन की जरूरत महसूस कराई। विचार या विचारधारा को केन्द्र में रखकर समाज, साहित्य आदि की व्याख्या मार्क्स या उनके अनुयाइयों ने की तो एंगल्स ने कहा कि "साहित्य में अंतर्वस्तु पर बहुत जोर देने के कारण उसके रूप की उपेक्षा हो गयी, जिसमें अन्तर्वस्तु अपना अस्तित्व धारण करती है।" यानी जिस चीज पर मार्क्सवाद पूरे समय तक जोर देता रहा–उससे साहित्य में रूप की अवहेलना हो गई। क्योंकि बिना रूप या फार्म के अन्तर्वस्तु आकार कैसे लेगी? अन्तर्वस्तु अमूर्त हो जायेगी। रूप ही तो अन्तर्वस्तु को प्रकाशित करता है। उसी को मार्क्सवाद में नकार दिया गया। तो, एंगल्स ने उसका विरोध किया। लुकाच ने आगे जा कर मार्क्स के विचारों में खासकर साहित्यिक विचारों में बहुत से संशोधन किये; जो ग्रामशी तक आते हैं। सब ने

कुछ-न-कुछ जोड़ा है। मगर अपने देश मार्क्सवादियों ने उसमें कुछ जोड़ा नहीं, बल्कि लीक को ही पीटते रहे। वे मार्क्सवाद के नाम पर साहित्य में शिल्प को गलियाते रहे और उस पर बल देने को कलावादी प्रवृत्ति का फतवा देते रहे।

जहां तक यथार्थ का प्रश्न है दुनिया में कोई भी लेखक चाहे आज का हो या पुराना, यथार्थ से कैसे इन्कार करेगा? जैसे कोई भी काव्यशास्त्री अभिधा से इंकार नहीं कर सकता। ध्वन्यालोक के लेखक स्वयं व्यंजना को अभिधा का आधार मानते हैं, पंडितराज जगन्नाथ अभिधा को केन्द्र मानते हैं जिसका विस्तार काव्य में होता रहता है-जैसे हम तालाब में कोई कंकरी डालें तो पहले एक छोटा वृत्त बनता है, फिर बड़ा, और बड़ा बनता चला जाता है। इसी तरह अभिधा से व्यंजना में अर्थ विस्तार होता है। परंतु सबसे पहले रचना यथार्थ में ही जन्म लेती है, चाहे वह वस्तुगत यथार्थ हो या भोगा हुआ यथार्थ।

यथार्थ में जन्म लेने के बाद रचना लेखक की क्षमता के अनुरूप उसके संवेदन-तंत्र में खुलती है और प्रतिभा, स्मृति, कल्पना आदि के वृत्त को लगातार बड़ा बनाती जाती है। इस तरह यथार्थ के आयाम खुलते चले जाते हैं। साहित्यकार जैसे-जैसे जीवन में गहरे उतरता है, उसका वृत्त या व्यास लगातार फैलता चला जाता है, जो अंततः इतना सूक्ष्म हो जाता है कि दिखाई नहीं पड़ता। यानि विशाल भाव-राशि में लय हो जाता है। इस तरह उसमें चिरंतन-तत्त्व या व्यापकता यानि देश-काल का अतिक्रमण करने की शक्ति पैदा हो जाती है। यही वास्तव में रस-दशा है। इसी प्रक्रिया के दौर में लेखकों की अभिवृत्तियों, विचारों और अवधारणाओं की भिन्नता प्रकट होती है। पर इतना तो तय है कि वह प्रारंभ होता है,यथार्थ से; जैसे अर्थ की यात्रा अभिधा से शुरू होती है। इसलिए यथार्थ का विरोध स्वयं सर्जना की अपनी मूल चेतना का विरोध है। मेरी जानकारी में यथार्थ का विरोध कभी किसी लेखक ने किसी जमाने में नहीं किया। अलबत्ता लेखक की क्षमता इस बात में है कि वह यथार्थ के वृत्त को कितना बढ़ाता है और किस सीमा तक

पहुंचाता है ताकि उसमें ऐसे यथार्थ को भी देखा जा सके जिसे आपने स्वयं भोगा नहीं। करुणा की भी यही भूमिका है। हर चीज एक जगह से जन्म लेती है और उसका विस्तार होता है। कोई चीज आकाश में जन्म नहीं लेती। यथार्थ की व्यापकता और विभिन्न उद्गमों को समझना चाहिए, क्योंकि वही दरसल विचारधारा का निर्धारक है। यथार्थ को कोई कैसे चुनता और बरतता है वही विमर्श के केन्द्र में होना था, न कि 'कला' को अवहेलित करना या धिक्कारना।

एक भ्रांत किस्म की चीज पैदा हो गई है उसके बारे में अवश्य विमर्श होना चाहिए। वह यह है कि भारतीय साहित्य में प्रेम, उदारता, गहराई सबकुछ है, लेकिन शोषण, अन्याय आदि परिलक्षित नहीं होता, या कम होता है। सच तो यह है कि जिसे हम वास्तव में साहित्य कह सकते हैं ऐसा भारतीय साहित्य हर तरह के अन्याय, अत्याचार, शोषण का विरोधी है। इसका विस्तार से विवेचन मैंने अपने आलेख 'प्रगतिशीलता की भारतीय अवधारणा' में किया है। मार्क्सवाद का योगदान यह है कि उसने यथार्थ को एक तार्किक और ऐतिहासिक परिणति में देखा और शोषण की प्रक्रिया को समझने में मदद की। लेकिन हमने प्रेरणा को छोड़कर उसके कंकाल को ग्रहण कर लिया। फलस्वरूप यथार्थ-प्रक्रिया और उसमें निहित भावना अमूर्त-सी हो गई। पूछा गया कि मनुष्य यानि कौन मनुष्य? मानवता, कैसी मानवता? किस मानवता की हम बात करते हैं? वह कहां से शुरू होती है? जब हम बराबरी की बात करते हैं तो सवाल पैदा होता है कि कैसी बराबरी? हाथी को भी एक और चींटी को भी एक दाना, क्या ये बराबरी हुई! मनुष्य कौन? किस मनुष्य की हम बात कर रहे हैं? कहां से शुरू होता है मनुष्य और कहां जाकर लक्षित होता है? उस बहुसंख्यक मनुष्य की संवेदन-भूमि कहां हो सकती है? दुःख, शोषण, अन्याय में ही न! महाभारत का सुरभि नामक गौ और इन्द्र का संवाद क्या कम प्रगतिशील है? वह कहती है कि मुझे अपने सब बेटों (बैल) में उसका दुःख ज्यादा सताता है जो दयनीय और कमजोर है। क्या मार्क्स को भी ऐसे ही दुःखने संतप्त नहीं किया

था। परंतु इसे उसने वर्ग-संघर्ष में बदलकर उन सबको शोषक मान लिया जो संतप्त नहीं हैं!

अगर मार्क्स ने यह कहा था कि रोमानियत ने कितनी भ्रांत धारणाएं पैदा कीं तो क्या मानी निकाले गए? क्या इस बात का विरोध हुआ कि रोमानियत को यथार्थ पर पर्दा डालने का साधन क्यों बनाया जा रहा है? परंतु यह समझ में नहीं आता कि इस प्रश्न की बजाए, प्रेम की ही अवहेलना क्यों कर दी गई? दुनिया के श्रेष्ठतम कवियों, विचारकों ने प्रेम को महान कहा है और उसकी भांति-भांति से प्रस्तुति की है, स्वयं मार्क्स ने अपनी प्रेमिका को प्रेम-पत्र लिखे हैं। प्रेम का प्रसार ऐहिकजगत से आध्यात्मिक जगत तक है। एक स्तर पर तो प्रेम सब भावों को व्यक्त करने का माध्यम हो जाता है यानि क्रोध, भय, करुणा और जिसे आप शोषण या गैर बराबरी कहते हैं। यहां सवाल बीमार और स्वस्थ रूमानियत का उठना था। भारतीयों का मार्क्सवाद ऐसे प्रश्नों से कतराता क्यों है? जबकि तार्किकता और बहस ही उसके औजार रहे हैं। यह कोई कैसे कह सकता है कि पीड़ा, वेदना या शोषण किसी एक ही विचारधारा के द्वारा प्रकट होंगे,?यह भी विचित्र अव्यावहारिक बात है। पीड़ा या वेदना पर किसी का कॉपी राइट नहीं है। सभी रचनाकारों ने इसे व्यक्त किया है। और दुरुपयोग किस चीज़ का नहीं होता? मार्क्स को भी स्टॉलिन जैसा इस्तेमाल करने वाला कथित अनुयायी आखिर मिल ही गया, जिसने पीड़ा और यातना हरने की बजाए, प्रदान की। उसने कन्संट्रेशन कैम्पों में कितना भयानक अमानवीय आचरण किया? यूगोस्लाविया में, चैकोस्लोवाकिया में लोगों को इंतिहा तक त्रस्त किया; साम्यवादी बूटों के नीचे लोग दबे रहे, तो साम्यवाद को इस तरह इसकी परिणति पर पहुंचाने वाले लोग भी कथित साम्यवादी ही हैं और इसी तरह से गांधी को दफनाने वाले लोग भी पाए जाते हैं।

कई बार विचारधारा को ऐसी जगह ले जाकर खड़ा दिया जाता है, जहां हर कोई उससे मसखरी करता है। इस द्वैत को समझा चाहिए। मैं एक जगह (कलकत्ता) गया था जहां संयोग से आजकल मैं हूं। वहां

विश्वविद्यालय में मेरा भाषण था। पी-एच.डी. तक के विद्यार्थी वहां इकट्ठा थे। उन्होंने एकदम से यह सवाल मेरी ओर फेंक मारा कि जनवाद के बारे में आपका क्या ख्याल है? मैंने कहा कि पहले आप जनवाद और जनवादी को दो हिस्सों में बांटिए, आप जनवाद के बारे में पूछ रहे हैं या जनवादियों के बारे में? क्योंकि जब हम जनवादियों की जड़ता और उनके दोहरे व्यक्तित्व, उन पर चढ़े हुए आवरण की बात करते हैं तो लोग समझते हैं कि हम जनवाद के खिलाफ बात कर रहे हैं, ऐसा हो कैसे सकता है? क्योंकि कहीं भी हमारे साहित्य में शोषण, साम्प्रदायिकता, नारी पर अत्याचार या और तमाम चीजें जिसकी पक्षधरता प्रगतिशीलता करती है—को कम तरजीह नहीं दी गई। फिर हमने ये खाने क्यों बनाए? जो खाने हमने बनाये हैं, वे कृत्रिम और झूठे हैं। हमने सिवाय आत्महत्या के कुछ नहीं किया। महाभारत की व्याख्या करने वाले महर्षि व्यास ने विशाल महाभारत लिखने के बाद भी कहा था कि धर्म का रहस्य तो मैं भी नहीं समझा। वह अन्धी गुफा में छिपा हुआ है। यहां तो सबकुछ कहने के बाद भी 'नेति नेति' कहा गया और ये कहते हैं कि हम ही अंतिम कर्ता हैं—इन भावों और विचारों को जो हमने घोषित किए। हम ही संवेदना-अवतार हैं! व्यासजी धर्म की अबूझता की चर्चा में आगे कहते हैं—'मैं तो सिर्फ इतना जानता हूं कि मनुष्य से श्रेष्ठ कुछ नहीं, मनुष्य ही सबसे श्रेष्ठ है।' अगर आप मनुष्य को पूरी संवेदना में पहचानने की कोशिश करें तो शायद आप धर्म को भी सही ढंग से पहचान सकें। अगर आपके पास मनुष्य की पहचान नहीं है, तो आप क्या करेंगे?

भागवत जैसा धर्म ग्रंथ कहता है कि "केवलाघो भवति केवलादि" केवल अपने लिए संग्रह करना—होर्डिंग—पाप है। भर्तृहरि ने पूंजीवाद खिलाफ कितनी कड़ी बात कही है—यस्यास्ति वित्तं स नरः कुलीनः आदि; तो हमारी तो पूरी परंपरा शोषण, अन्याय, पूंजीवाद के खिलाफ रही है। एक भ्रम मार्क्सवादियों को या कुछ लोगों को हो गया था कि हिन्दुस्तान के बुद्धिजीवियों और लेखकों में ये विचार मार्क्सवाद की वजह से

आये–यह एक विचित्र निष्कर्ष है–भारत की परंपरा और इतिहास की अनदेखी करता हुआ। भारत की पहली ही कविता करुणा से निकली, प्रेम से नहीं। पहला शब्द, पहली कविता करुणा से प्रेरित है। हत्या के लिए ऋषि ने शाप दिया है व्याध को। पीड़ा से निकली हुई कविता कहीं शोषण का, अमानवीयता का, अन्याय का, पक्षधर हो सकती है? यह हमारी मूल संवेदना है। क्या इसे हमने पहचाना? गांधी के कहने पर भी नहीं पहचाना। हमने इसे पहचाना आयातित विचार में। जैसे उपनिषदों, वेदों का विदेशियों द्वारा अनुवाद और व्याख्या के बाद हमने पहचाना कि उपनिषद और वेद हमारे कितने महत्वपूर्ण ग्रंथ हैं। उसी प्रकार हमने अपनी ही संवेदना को तब पहचाना जब मार्क्सवाद ने हमें बताया! हैरत है कि लोग इस तथ्य को नजरअंदाज कर जाते हैं कि प्रगतिशील लेखक संघ के पहले अधिवेशन के सभापति प्रेमचंद 'गोदान' पहले ही लिख चुके थे। अस्तित्ववाद के बहुत सारे तत्त्व, आधुनिक हैं! अर्थ-विज्ञान के बहुत सारे तत्त्व प्राचीन काव्यशास्त्र से मिलते-जुलते हैं। रीति और वक्रोक्ति से अर्थ-विज्ञान (सीमेंटिंग प्रिंसिपल) की तुलना के विस्मयजनक निष्कर्ष निकल सकते हैं। विद्या निवास मिश्र का रीतिविज्ञान के नाम से अर्थ विज्ञान का विवेचन इस तथ्य की ओर इशारा करता है। अगर हमने आज उन्हें नहीं पहचाना, तो यह हमारी कमी है या भारतीय चिंतन और साहित्य की? हम ऐसे विदेशी सिद्धांतों को आत्मसात ही इसलिए कर पाते हैं कि वे पहले ही हमारे संवेदन और जातीय स्मृतियों में बसे हैं।

'जातीय स्मृति' के बहाने कुछ मामलों पर प्रकाश डालना जरूरी है। 'जातीय स्मृति' का रूप हमेशा अविचल या अक्षुण्ण नहीं रहता। उनका क्षरण भी होता रहता है। जैसे संस्कृति, अभ्यंतर के विकास की कहानी है। उसी तरह स्मृति भी विकासात्मक होकर ही संस्कृति का अंग हो सकती है। मनुष्य के विकास की भी यह जरूरत है। हम स्मृतियों को संजोएं तो, पर फासिल हो गई स्मृतियों को पालना निरर्थक है। यह प्रगतिशील चेतना का एक स्वाभाविक अनुषंग है। रूढ़िवादी उन्हें ही

कहते हैं जो रूढ़ियों को इस तरह संजोये रखते हैं मानो वे जातीय स्मृतियां हों और संरक्षणीय हों, जबकि उनका क्षरण होना चाहिए था। बहुत सा कूड़ा-कर्कट छांटना सांस्कृतिक विकास के लिए जरूरी है। आप बोझ लेकर संसार-सरिता को पार नहीं कर सकते।

मार्क्सवाद द्वन्द्वात्मकता या टकराहट की खूब बात करता है। क्या हम नहीं जानते कि टकराहट से ही हमारा बौद्धिक विकास हुआ है। काव्य शास्त्र ही ले लें तो शास्त्र में पहले खंडन होता है फिर मंडन। अगले आचार्य के सामने पहला सवाल यह होता था कि मैं नई स्थापना क्यों करना चाहता हूं? आखिर प्रचलित स्थापना में ऐसा क्या दोष है? पहले वह यही बताता है-यही खंडन है। फिर वह अपने मत का प्रतिपादन करता है और पिछले मत की अच्छी बातें भी अपने मत में शामिल कर लेता है। इसी तरह काव्यशास्त्र का विकास होता है। तमाम दर्शन एक-दूसरे का खंडन करते हैं, उसके बाद मंडन करते हैं। तो टकराहट की या द्वन्द्वात्मकता की, मार्क्सवाद जो बात करता है, वह तो भारत की जीवित परंपरा है और इसी से हमारा विकास हुआ है। ऐसा नहीं है कि हमने शब्द-प्रमाण को स्वीकार कर लिया हो। चार्वाक और बौद्ध भी हमारे ही यहां हुए हैं। हम हमेशा उन चीजों का खंडन करते रहे हैं जो काल-प्रवाह में अग्राह्य हैं। दूसरे को सुनने और सहने का प्रजातंत्र भारत में सदा रहा। संभवतः इसीलिए वह अपनी परंपराओं का समुचित विकास कर सका। संसार का कोई समाज, कोई धर्म ऐसा नहीं है जहां सहिष्णुता की ऐसी पराकाष्ठा हो। सलमान रुशदी का 'सैटेनिक वर्सेस' लिखना इस्लाम, या इस्लाम के कट्टरपंथी सह न सके। क्रिश्चयनिटी जो अपने को दुनिया का सबसे उदार धर्म बताती है, उसने गेलीलियो के साथ क्या किया? और तो और नए युग में देखिए। मैं नार्वे गया था, वहां एक महिला है येवाराम; उसने क्रिश्चयानिटी के खिलाफ एक उपन्यास लिख दिया तो नार्वे जैसे खुले देश से उसे इस कारण चार साल तक भागकर स्वीडन में रहना पड़ा। लेकिन हमारे धर्म को यह सब सह्य है। इसे भले लोग भीरुता कहते हैं। अगर यह भीरुता है तो भी

यह हमारी सहिष्णुता ही अधिक है। हालांकि इस छूट का लोग बेजा इस्तेमाल भी करते हैं। इस माने में इस देश में एक तरह की विश्रृंखलित आजादी मिली हुई है। इतना खुलापन, इतनी उदारता और टकराहट कहीं है? सच तो यह है कि टकराहट के बीच ही खुलेपन की परीक्षा होती है।

प्रश्न यह है कि टकराहट है क्या? टकराहट की यह शर्त है कि दोनों चीजें क्षरित होती हैं। लेकिन प्रगतिशीलता में तो टकराहट की परिभाषा यह है कि हम तनिक भी न टूटें लेकिन दूसरा चकनाचूर हो जाए! यह स्पोर्ट्समेन स्पीरिट नहीं है कि आप अपने को तो जीवित रखें और दूसरे को नष्ट कर दें! यह वास्तव में संकीर्णता है कि लोग भारतीय विचारों, चिन्तनों, ज्ञान की विराट परंपराओं को जो मनुष्य ने अत्यंत कष्ट से, यातना-पूर्वक अन्वेषित और अर्जित की है, एक क्षण में तोड़ देना चाहते हैं ताकि वे स्वयं अखण्ड बने रहें। यह कैसी प्रतिबद्धता और पक्षधरता है!

पर यह सारा प्रकरण कितना नकली था? कि इसकी पोल जनता के बीच जाने पर खुल गई। पिछले 50 सालों से हमारे चन्द बुद्धिजीवियों के शोर शराबे के बावजूद मार्क्सवाद लोक मानस में अपनी जगह नहीं बना सका। (जो शायद उसका लक्ष्य थी।) चन्द बुद्धिजीवियों की आत्म-श्लाघा और आत्म-तुष्टि उनकी विचारधारा को लोकमानस में प्रवेश नहीं दिला सकी। निर्वाचन भारत में जनता की अभिव्यक्ति है। साम्यवादी सरकारें कितने प्रदेशों में बनीं? यह एक मोटा, बल्कि असाहित्यिक प्रकरण है—पर संवेदना और प्रभाव के मूल्यांकन का सौ-फी-सदी प्रामाणिक उपाय। जो लोग धर्म को बूर्ज्वा मानसिकता कहते हैं उनसे यह पूछा जा सकता है। गांधी ने जिस तरह इस देश को समझा था उसकी कल्पना भी कोई कर सकता है! गांधी कोई धार्मिक व्यक्ति नहीं थे, वह कोई सन्त, महन्त और जोगी नहीं थे। गांधी शुद्ध राजनीतिज्ञ थे। धर्म का उपयोग उन्होंने अपनी आध्यात्मिकता के अलावा राजनीतिक दृष्टि से भी किया था। गांधी कथनी और करनी यानि विचार

के अनुसार आचरण पर जोर देते हैं। क्या इस आदर्श का वामपंथी निर्वाह करते हैं? मैंने कितने ही मार्क्सवादी मित्रों को देखा है जो अपने बच्चों के लिए अपनी जाति की लड़की-लड़के को खोजते हैं। विवाह में पूरा शास्त्रोक्त विधान वहां होता है। फिजूलखर्ची पूंजी-पतियों के टक्कर की। शराब परोसी जाती है। निश्चय ही इन बुराइयों से कुछ लोग बचे हुए हैं पर वे उंगली पर गिनने लायक हैं। एक चोटी के बुजुर्ग प्रगतिशील लेखक ने मुझसे व्यक्ति–चर्चा में कहा कि फलां लेखक के साथ मैं एक बार बनारस गया। हम जब गंगा के किनारे से निकले तो उन्होंने कहा मैं थोड़ी देर में आता हूं, तुम यहीं रहना। तो मैं वहीं खड़ा रहा। ऊबकर मैं घूमने लगा। घूमते-घूमते देवी के मंदिर में पहुंचा, तो वे (प्रगतिवादी लेखक) एक कोने में हाथ जोड़कर देवी कवच का बहुत उच्च-स्वर में पाठ कर रहे थे, किस्सा यहीं खत्म नहीं होता है, पाठ खत्म करते ही वह निकले तो मुझे देखकर एकदम चौंक गये और कहने लगे कि 'किसी से कहना मत।' यह चोटी के लोगों की बात है। तो ऐसा दोमुहा चरित्र बनाने की क्या जरूरत है? सभी जानते हैं कि भारतीय जीवन से धर्म को निष्कासित करना कृत्रिम और अवांछित है। भारत में धर्म पाखण्ड और कर्मकाण्ड नहीं है, एक स्वचालित सेंसर व्यवस्था है। भ्रष्टाचार से सना यह देश प्रजातंत्र के रूप में जिन्दा है और चल रहा है, तो क्यों? मैं इसका कारण उन मूल्यों को मानता हूं, उस नैतिक आचरण को मानता हूं जो लोगों के भीतर रचे-बसे हैं। उन्हीं की वजह से देश आज चल रहा है। वरना कब का रसातल में चला गया होता। स्वस्थ धर्म को सांप्रदायिकता या घृणा से जोड़ना गलत होगा। आप उसे अफीम कैसे कहते हैं? वह तो सौजन्य, ईमानदारी, विनम्रता आदि कई सद्‌गुण पैदा करने वाली अमृत-विधि है। स्वचलित नैतिक व्यवस्था है। भला मनुष्य का अभ्युदय करने वाला विधान, यानि धर्म से मार्क्सवाद का विरोध क्यों होना चाहिए?

नरेश मेहता ठीक कहते थे कि हम न इधर के हैं न उधर के। हमारा कोई आधार नहीं है यानि हम जड़विहीन हैं; हमारी रचना की कोई

बुनियाद नहीं है; उसका कोई मूल्य नहीं है, कोई चेतना नहीं है। चारों तरफ शून्य फैला हुआ है, हमारी रचना इस तरह खड़ी हुई है, जिसके पास अपनी नैतिक चेतना, अपना कोई बोध नहीं है। क्योंकि इधर हमने परंपरा को छोड़ दिया, उधर जिस चीज को हमने ग्रहण किया वह आरोपित है। इसलिए वह हमारी प्रक्रिया में नहीं ढल रही है और हम अधर में लटक गये हैं। हमारी रचना वेक्यूम में है। वेक्यूम से उबरने की सख्त जरूरत है।

मार्क्सवाद भारत के लिए न अस्वीकृत है न अवांछित। मार्क्सवाद ने लोक-कल्याण को सुपरिभाषित किया है और देशनीति को एक तर्कपद्धति दी है। वह भारत को अस्वीकार क्यों होगी? परंतु मार्क्सवाद को हमें भारत से अनुकूलित करना था; हम उसे कच्चा निगल गए। 1970-71 के शुरू में मैंने एक पुस्तक लिखी थी। उसमें मैंने लिखा था कि मार्क्सवाद वर्ग-विभाजन, वर्ग-वैषम्य, वर्ग संघर्ष की बात करता है। परंतु इस देश में तो आर्थिक-अनार्थिक वर्ग से ज्यादा संकटप्रद जातीय वैषम्य है। इसे पहचाना था गांधी ने। मार्क्स कैसे पहचानते, क्योंकि उन्होंने यह सब देखा ही नहीं था। गांधी के तरीके से हम अगर चलते तो आज हमारे सामने जो समस्याएं पैदा हो गईं—जातीय-संघर्ष की; वे इस तरह पैदा नहीं होतीं। लेखक इस सत्य को समझने में अधिक समर्थ है क्योंकि वह बाहर के सारे जगत को आत्मसात करता है, फिर अपने आपको देखता है।

जब प्रगतिशीलता का दौर शुरू हुआ था तो यथार्थ चित्रण पर जोर दिया जाता था। उसके बाद नयी कविता का दौर आया तो कहने लगे 'भोगा हुआ यथार्थ' हम चित्रित करते हैं। दोनों चीजें समान नहीं एक-दूसरे पर कटाक्ष हैं। यानि जो किताबी यथार्थ चल रहा था उसके बरक्स भोगा हुआ यथार्थ की बात थी। यानि एक देखा या पढ़ा हुआ यथार्थ है, दूसरा भोगा हुआ यथार्थ है। वैसे दोनों ही यथार्थ साहित्य की दृष्टि से अधूरे हैं क्योंकि लेखक को हर चीज भोगने की जरूरत नहीं है और न वह संभव है। दूसरे, लेखक बिना आत्मानुभव के यथार्थ का

चित्र नहीं खींच सकता।

इस देश का कोई भी बड़ा लेखक प्रतिक्रियावादी नहीं हो सकता। इस देश में दो ही तरह के लेखक हैं या तो जड़ सिद्धांत कामरेड लेखक या आजाद लेखक। इसके अलावा इस देश में लेखक की कोई जाति नहीं है। लेखक अपने ऊपर कोई अंकुश नहीं रखना चाहता है। परंतु उसकी आजादी उश्रृंखला नहीं है। लेखक की आजादी का अर्थ है अपनी जिम्मेदारी खुद निभाना। लिखे हुए शब्द को अपने भीतर जीना और समष्टि भाव से जीना। यही लेखक का आत्मसंघर्ष है। जब आप चलते हैं तो अकेले थोड़े चलते हैं आपके साथ पूरी की पूरी सृष्टि चलती है।

यह एक जटिल समय है। देश को बाजार बना दिया गया है। लोग कहते हैं कि हिंदुस्तान एक अच्छा 'बाजार' है। ग्लोबल इकनामी ही मूल्य की स्थानापन्न हो गई है। जिस जनता की बात हम कर रहे हैं उस पर मीडिया का आक्रमण जारी है। जिसने उसे 'पर (मीडिया) निर्भर' बना दिया है।

बाज़ार में हिंदी और हिंदी का बाज़ार

7 मार्च, 1935 को लार्ड मैकाले के जिस मसौदे पर लार्ड विलियम बेंटिंग ने हस्ताक्षर किए थे, उसमें भारतवासियों को सदा के लिए गुलाम बनाने की भावना थी, परंतु 1854 में ही चार्ल्सवुड ने जब भारत में अंग्रेजी शिक्षा संबंधी आदेश प्रसारित किया था तो उसके अनेक पहलुओं में अपनी काट के नौकरशाह तैयार करने के साथ भारतीय लोगों में से कुछ को 'डि-क्लास' (वर्ग-पृथक्) या डि-नेशन (देश-पृथक्) कर अपने अनुकूल वातावरण बनाना भी था। परंतु उसका अंतिम और महत्वपूर्ण उद्देश्य भारत की जनता में सुख-सुविधा की ऐसी होड़ जगाना था जिससे ब्रिटिश माल की खपत भारत में हो और नई-नई चीजों का बाजार तैयार हो सके। विदेशी भाषा के माध्यम से उपभोग-संस्कृति के निर्माण की वह नींव थी। परदेशी वस्तुओं के उपभोग की मानसिकता परदेशी भाषा के जरिए ही जगाई जा सकती है, चार्ल्सवुड का ऐसा विचार था, क्योंकि उपभोगमूलक संस्कृति में पनपी भाषा अपने साथ सिर्फ संस्कृति ही नहीं, अपना बाजार भी लाती है। जैसे बुद्ध के संस्कारों में ढली-पाली जब विदेशों में गई तो साथ में अहिंसा, करुणा आदि ले गई थी, बाजार नहीं। चार्ल्सवुड यह भी अवश्य जानता होगा कि भारतीय भाषाएं जिस संस्कृति में पली-बढ़ी

हैं, वह 'तेन त्यक्तेन भुंजीथा' (त्यागकर भोगो) संस्कृति है, इसलिए इस देश पर उपभोक्तावाद लादने के लिए उसी परिवेश में पली भाषा अधिक कारगर हो सकेगी। (परंतु यह ध्यान रखना होगा कि तब अंग्रेजों ने भाषा को 'बाजार की भाषा' नहीं बनाया था, बल्कि बाजार के विकास में उससे सहायता ली थी।) महात्मा गांधी का आंदोलन अंग्रेजी शासन के साथ अंग्रेजी भाषा की इसी उपभोक्तावादी संस्कृति के विरुद्ध था। लोगों में स्वदेशी भावना जगाने के लिए उन्होंने विदेशी सामान का बहिष्कार करने, विदेशी कपड़ों की होली जलाने जैसे सक्रिय आंदोलन तो चलाए, साथ ही स्वदेशी भाषा (हिंदी) को राष्ट्रभाषा के रूप में मान्यता देकर उपभोक्तावाद के सर्वांगीण विरोध का वातावरण तैयार किया।

स्वाधीनता के बाद यह भावना ढीली पड़ती गई। आधुनिकता और वैज्ञानिकता के नए युग में प्रवेश करने के दौर में विदेशी सहायता से बड़े-बड़े उद्योग स्थापित किए गए, विदेशी वस्तुएं आयात की गईं और बहुत-सी चीजें चोरी-छिपे भी आने लगीं। देश के अभिजनों में दिन पर दिन विदेशी वस्तुओं की ललक बढ़ती गई जो निचले स्तरों तक रिसती चली गई।

ऐसे समय अमेरिका और यूरोप से जन्मे 'भूमंडलीकरण' ने भारत में प्रवेश किया, जो विश्व के बाजारीकरण की नई अवधारणा और प्रक्रिया थी। उसके लिए एक अरब जनसंख्या वाले भारत के बाजार पर कब्जा करना विश्व के छठवें भाग पर कब्जा करना था। दुनिया के बाजारों में भारत चौथे नंबर का सुरक्षित बाजार है। यहां कम जोखिम और कम अशांति है, अधिक कच्चामाल और सस्ते मजदूर मिलते हैं तथा शोषण की आजादी है। ऐसा बाजार तो दुनिया का स्वर्ग है।

इस बाजार के विस्तार के लिए सर्वसाधारण की एक भाषा की भी जरूरत थी, क्योंकि उपभोक्ता मानस तो बन चुका था, इसका विस्तार-भर करना था। बाजार ने समझ लिया कि तमाम क्षेत्रीय भेदभावों के बावजूद पूरे देश में प्रचलित भाषा हिंदी ही है। इसलिए बाजार का

मुख्य लक्ष्य रहा कि हिंदी को बाजार की भाषा बनाया जाए। यानी उसे बाजारू स्वरूप दिया जाए। यानी जो काम कभी अंग्रेजी 'वर्नाक्यूलर' (देशी बोलचाल की गंवारू भाषा) से लेती थी, वही काम अब अंग्रेजी 'बाजारू हिंदी' और देशी भाषाओं से ले रही है-और उन्हें पहले से भी नीचे स्तर पर रखकर। इसलिए विज्ञापनों में, दूरदर्शन धारावाहिकों में, अन्य प्रचार-विधियों में हिंदी के बढ़ते प्रयोग से खुश होने की जरूरत नहीं है, क्योंकि इस प्रक्रिया में हिंदी के साथ जो खेल खेला जा रहा है वह रोंगटे खड़े करने वाला है, उसे ज्ञान-विज्ञान-संस्कृति-सृजन से काटकर बाजार की भाषा के रूप में ढालने के प्रयास में उसके भीतर जो मिलावट की जा रही है, जितनी तरह से उसे भ्रष्ट किया जा सकता है, किया जा रहा है, वह हिंदी की जड़ें काट रहा है। इस बाजारू भाषा से हिंदी का कोई भला नहीं हो रहा है, बल्कि बाजार को ही लाभ मिल रहा है, जो उसका लक्ष्य है भी। भाषा तो तभी लाभान्वित होती है, जब वह अपनी जड़ों से जुड़कर अपनी सांस्कृतिक-बौद्धिक-सर्जनात्मक संपदा का संरक्षण करती हो और उसे बढ़ाती हो। परंतु बाजार ने अपने उपयोग के लिए हिंदी को सबसे पहले उसके लिखित रूप से अलग किया, उसे उसने सिर्फ बोलचाल की भाषा में बदल दिया, फिर उस बोलचाल की भाषा को अपनी उपभोक्ता संस्कृति से जोड़ने के लिए तोड़-मरोड़कर अनेक तरह की मिलावटों से बाजार की भाषा में बदल डाला। जितने भी उत्पाद हैं, दुकानें, फर्में हैं, यहां तक कि पोशाकें हैं-उन पर भी अंग्रेजी में इबारत लिखी होती है। संपूर्ण व्यापार-व्यवसाय-व्यवहार की लिखित भाषा अंग्रेजी बन गई है-यह उस 96-97 प्रतिशत जनता से लाभान्वित हो रही है जो उससे परिचित ही नहीं है, बस, उसे परिचित कराने के लिए ही हिंदी और भारतीय भाषाओं को अपने रंग-ढंग में ढालकर बोला जा रहा है। टी.वी. पर दिन में सैकड़ों बार हिंदी में उन्हीं चीजों के नाम लिए जाते हैं, जिनमें हिंदी की लिखित इबारत खारिज की जा चुकी है। यानी लिखित अंग्रेजी को अनिवार्य बनाया जा रहा है, मौखिक हिंदी के माध्यम से। हिंदी के माध्यम से समझाया जा रहा है कि

अंग्रेजी कितनी जरूरी है, कितनी अपरिहार्य है। हिंदी के माध्यम से बेचे जा रहे हैं उत्पाद, जो भारतीय साधन-स्रोतों से बने हैं, परंतु जिनको विदेशी लिबास और स्वार्थ ओढ़ा दिया गया है। इस तरह हमारी भाषा और हमारा देश एक साधन के रूप में, दलाल के रूप में जनता के बीच हाजिर है।

दुर्भाग्य से बाजार की इस मनोवृत्ति से भारत का अभिजन बुरी तरह प्रभावित है। वह सोच रहा है कि यही बाजार उसे लाभ पहुंचाएगा, बाकी सारी बातें फिजूल हैं। हमारा सर्वाधिक प्रसार माध्यम 'फिल्म' आज बाजार और बाजारू माफिया के अधीन है। सारी सामाजिक मानवीय विषयवस्तु वहां से गायब है, केवल व्यापार-उद्योग से संबंधित घराने, वैसे ही चरित्र और वे ही बातें वहां हैं जो बाजार को पोसती हैं-और हिंदी को फैलाने में नहीं, बाजार के काम की बनाने में उसका उपयोग हो रहा है; क्योंकि सार्थक और उपयोगी भाषा के रूप में अंग्रेजी की स्थापना वहां भी है। सारे फिल्मी कलाकार, निर्देशक वगैरह अपनी बातचीत, साक्षात्कार आदि अंग्रेजी में देते हैं, उनके लिए पाण्डुलिपि रोमन में बनाई जाती है, यहां तक कि हिंदी फिल्मों में अंग्रेजी अखबार ही प्रायः नायक-नायिका पढ़ते दिखाए जाते हैं। जिस भाषा ने उन्हें लोकप्रियता के शीर्ष पर पहुंचाया, उसके प्रति उनकी क्या अवधारणा और मान है, यह उनके तौर-तरीके, बातचीत और साक्षात्कार से स्पष्ट होता है। जिसकी कमाई खा रहे हैं, उसी भाषा को नीचा दिखा रहे हैं; क्योंकि वह तो उनके लिए उसी मंच तक सीमित है, जो उन्हें इस भाषा में बोलने का पैसा देता है-इसके बाद उससे कोई संबंध नहीं, न कोई मतलब। यही उन्हें कहना है। हिप्पोक्रेसी और किसे कहते हैं?

फैशन की दुनिया में तीन घंटे का हिंदी नाटक हो तब भी उसका सार अंग्रेजी में लिखा-पढ़ा जाएगा। शास्त्रीय संगीत, नृत्य या अन्य आयोजन होंगे तब भी स्वागत, आभार सब अंग्रेजी में होगा। यह वही बाजारू शैली है जो सांस्कृतिक जीवन में उतारी जा रही है।

स्वार्थ और फैशन के नाम पर जो भाषा चलती है उसमें प्राण नहीं होते। वह नितांत औपचारिक, बनावटी, तत्वहीन और सौंदर्यहीन हो जाती है। यही हाल आज बाजारू हिंदी का हो गया है। ऐसी हिंदी का प्रयोग करते हुए हम अपनी अस्मिता, ज्ञान, अनुभूति, जड़ों और प्रतिभा को लगातार खोते चले जाते हैं और सबसे बढ़कर स्वाधीनता को।

हिंदी और भारतीय भाषाएं आज ऐसे हम्माल या हरकारे में बदल गई है, जिसकी पीठ दूसरे का माल और जिसके हाथ दूसरे की चिट्ठियां ढो रहे हैं। खेद तो यह है कि लोगों में ऐसी भावना घर कर गई है कि यही भाषा सहज, स्वाभाविक, व्यावहारिक और बोलचाल की है। जबकि यह गौर करना चाहिए कि बोलचाल की 'वाचिक' भाषा बाजार में या बाजार द्वारा अपने स्वार्थ के लिए थोपी नहीं जाती, बल्कि लोक के सहज स्वाभाविक, आत्मीय और सांस्कृतिक संबंधों के बीच सहज रूप में विकसित होती है। परंतु साहित्यकार भी जब यह सब भूलकर पात्र के चरित्र की रक्षा या संवाद की स्वाभाविकता के नाम पर बाजारू भाषा का प्रयोग करने लगता है तो दरअसल वह उसी बाजार को बल पहुंचाता है, जिसके विरोध में लिखता है और जनता को गुलाम बनाने वाली भाषा को पोसता है।

बाजार बड़ी चालाक चीज है, वह उपभोक्ता की प्रवृत्ति और स्वभाव को जानता है। भाषा और स्वत्व के प्रति उसकी उदासीनता को उसने भांप लिया है। वह जानता है कि भारतीय क्रेता चल रही चीज को ज्यों का त्यों चलने देता है, अपनी ओर से कोई प्रतिरोध नहीं करता। वरना क्या कारण है कि बांग्लादेश में पहुंचने वाली हमाम साबुन की टिकिया पर बांग्ला में लिखा होता है और भारत में अंग्रेजी में?

भारत का छोटा बाजार भी बड़े बाजार का अनुकरण कर रहा है। देसी चीजों के, यहां तक कि जड़ी-बूटियों, आयुर्वेदिक औषधियों के नाम भी अंग्रेजी में लिखे जा रहे हैं क्योंकि वह भारतीय बाजार को सिद्ध करने का नुस्खा समझी जाने लगी है, और है भी, क्योंकि

उपभोक्तावाद ने भारत की स्वदेशी मानसिकता समाप्त कर उसे फैशन के अधीन कर लिया है। भाषा के इस स्वरूप को देखकर नहीं लगता कि चार्ल्सवुड या मैकाले का दृष्टिकोण गलत था। वे लोग भाषा तक बाजार को लाना चाहते थे, आज हम बाजार तक भाषा लिए जा रहे हैं। शायद यही उनका भी अगला कदम होता।

विश्व की सूचना प्रौद्योगिकी पर भारतवंशियों का दबाव है, परंतु वे प्राय: वंश में ही भारतीय हैं, सोच में नहीं। उन्हें भी भारतीय भाषा के प्रति कोई लगाव नहीं है। वे प्राय: बाजार के स्वरूप में स्वयं ढल गए हैं, उसी में दीक्षित हैं। वे भाषा के प्रति हो रहे अपघातों से न केवल परिचित नहीं हैं, बल्कि इस बारे में सोचना और परिचित होना भी नहीं चाहते। वे बाजार की जरूरत के अनुसार सूचना प्रौद्योगिकी बना रहे हैं। वरना क्या यह संभव नहीं था कि हिंदी या भारतीय भाषाओं का प्रयोग कंप्यूटर और इंटरनेट में अधिक होता, नागरी लिपि के की-बोर्ड बनते और कंप्यूटर में हिंदी भाषा डालने (लोड करने) के लिए कंप्यूटर की संकेत भाषा नागरी लिपि के अनुरूप बनाकर उसके प्रयोग को सुगम बनाते। खेद है कि आज का भारतीय बाजार स्वयं ही हिंदी या भारतीय भाषाओं का वास्तविक लाभ लेना नहीं चाहता। वह भी भाषा का उपभोग करना चाहता है, उसका शोषण करना चाहता है।

बाजार की दृष्टि से भी यह एक विचित्र समय है जिसने अर्थशास्त्र के नियम को उलट-पलट दिया है। क्योंकि अर्थशास्त्र मानता रहा है कि मांग उत्पाद को नियंत्रित करती है, परंतु हमारे समय में उत्पाद मांग को नियंत्रित कर रहे हैं और उसे अपने अनुकूल नचा रहे हैं। इसका प्रभाव भाषाओं पर भी पड़ा है। उत्पाद भाषा को भी नियंत्रित कर रहा है और अपनी मनोवांछित भाषा के आगे अन्य भाषाओं को समर्पण के लिए बाध्य कर रहा है अथवा भाषा को अपने चरित्र और मांग के अनुरूप बाजारू बना रहा है।

हिंदी का सरलीकरण बनाम बाजारीकरण इस देश के एक अरब लोगों को मूर्ख बनाने के लिए फेंका गया एक पासा है। यह भाषाई

मेधा, प्रतिभा, संस्कृति, जीवंतता, विचार और मौलिकता को नष्ट कर अंततः उसे रंगमंच से हटा देगा (यह तो उसे अपदस्थ करने का प्रारंभ है), क्योंकि रंगमच पर कब्जा उसी भाषा का रहेगा, जो बाजार को संचालित करेगी। अंग्रेजी अपने एक भाग को बाजार की भाषा के रूप में बनाए हुए है जबकि हिंदी को संपूर्णतः बाजार की भाषा बनाया जा रहा है, जिसकी नियति एक संपूर्ण भाषा के रूप में नष्ट होकर बातचीत में शेष रह जाना है।